Las cincuenta
grandes mentiras
de la Historia

TEMPUS

Las cincuenta grandes mentiras de la Historia

Bernd Ingmar Gutberlet

Traducción de Olga Martín

TEMPUS

Título original: *Die 50 grössten Lügen und Legenden der Weltgeschichte*
© 2007 by Verlagsgruppe Lübbe GmbH & Co. KG,
  Bergisch Gladbach-www.luebbe.de

Primera edición: mayo de 2009

© de la traducción: Olga Martín
© de esta edición: Libros del Atril, S.L.
Marquès de la Argentera, 17, Pral.
08003 Barcelona
www.tempuseditorial.com
info@tempuseditorial.com

Impreso por Litografía Roses, S.A.
Energía 11-27
08850 Gavá (Barcelona)

ISBN: 978-84-92567-14-0
Depósito legal: B. 14.488-2009

Índice

Prólogo

*E*mpecemos con un lugar común: la historia de la humanidad es larga, y uno no puede saberlo todo. De acuerdo. Sin embargo, vivimos con la historia y tenemos una cierta idea de cómo fue el pasado, ya sea en nuestra ciudad natal o en la lejana Babilonia de hace miles de años. La historia no puede pasarse por alto, pues juega un papel importante para el presente. ¿Quién pretende poner en duda que la política alemana actual tiene mucho que ver con el pasado poco glorioso de Alemania? ¿O que la Antigüedad clásica, con sus guerras y su apogeo cultural, sigue influyendo en Europa hasta la actualidad? ¿Y que la política de la Unión Europea está especialmente marcada por las diversas experiencias históricas de sus Estados miembro? ¿O que hombres como Jesucristo o Mahoma siguen siendo personajes de referencia, no sólo en un sentido religioso?

No obstante, nuestro conocimiento de la historia suele estar viciado. Por muchas razones: puede que no hayamos puesto atención en clase o que hayamos olvidado lo que dijo el profesor. También puede que nuestro pasado o nuestras convicciones políticas nos predispongan a no tolerar ciertos procesos históricos. O puede que consideremos verdadero lo que difunden las novelas históricas, la tradición popular o los documentales de televisión.

En nuestra sociedad mediatizada, la televisión se ha convertido en un maestro que se ubica, por lo menos, al mismo nivel que el profesor de colegio. Pero ambos suelen ofrecer versiones erradas, ya sea por desconocimiento o por dar preferencia a «la mejor historia» para atraer la atención de los estudiantes y aumentar los índices de audiencia. Y está también el cine: para ser francos, una película monumental deja una impresión mucho más duradera de Tácito que cualquier otra cosa, y no olvidamos tan fácilmente a una mujer sentada en un trono sagrado como a un tedioso concilio. Asimismo, desde la butaca, un asesinato o un complot tenebroso resulta mucho más emocionante que una larga enfermedad o un accidente trágico.

Sin embargo, las imágenes históricas viciadas suelen originarse en versiones licenciosas y adulteradas, reforzadas con documentos falsos, en las cuales se representa, con intenciones difamatorias, a hombres (y sobre todo a mujeres) de la historia en una forma distinta a como fueron realmente. Así, un acontecimiento histórico se juzga desde una perspectiva tan estrecha que el dictamen no puede evitar pasar por alto la verdad histórica. Este tipo de falsificación de la historia siempre encuentra demanda, sobre todo, cuando los historiadores se dejan utilizar para fines políticos o cuando los políticos se resisten a tomar nota de los resultados de las investigaciones históricas.

Ya sea por sensacionalismo, cálculo político o simple calumnia, sea casual o intencionalmente, las falacias históricas quedan flotando en nuestra mente mucho después de ser desmentidas. Por ello, este libro recoge las leyendas y falacias más relevantes y deslumbrantes, más perniciosas y desconcertantes de la historia universal, desde la prehistoria hasta la actualidad.

En vez de resultar un asunto árido, la exploración y aclaración de estas leyendas proporciona una gran comprensión de los contextos históricos. Pues el simple hecho de saber quién hizo trampa, así como dónde y cuándo la hizo, es mucho menos fascinante que entender el porqué y las dimensiones que pueden alcanzar las trampas y los engaños en la historia. Después, los lectores podrán investigar por sí mismos cuál fue la mirada hacia el pasado y el presente que produjo esta o aquella falacia que, hasta el momento, consideraban verdadera.

Este libro sería impensable sin el trabajo diverso y fecundo de los historiadores e investigadores incansables a los que alude, cuyas conclusiones no suelen salir del mundo académico.

El Diluvio

¿Mito o catástrofe?

«Viendo Jehová que la maldad del hombre cundía en la tierra, y que todos los pensamientos que ideaba su corazón eran puro mal de continuo, le pesó a Jehová de haber hecho al hombre en la tierra, y se indignó en su corazón. Y dijo Jehová: "Voy a exterminar de sobre la haz del suelo al hombre que he creado —desde el hombre hasta los ganados, las sierpes, y hasta las aves del cielo— porque me pesa haberlos hecho". Pero Noé halló gracia a los ojos de Jehová.»

Así empieza en el Génesis la historia del Antiguo Testamento en la que Dios decide acabar con la humanidad y salvar únicamente a Noé, junto con su familia y los animales del arca, al avisarlo con la debida anticipación. Cuarenta días y cuarenta noches duró el diluvio, y los niveles de agua subieron sin cesar hasta cubrir la tierra y ahogar a todos sus habitantes. Tanto subieron las aguas que ni las cimas de las montañas sirvieron de refugio. Sólo a los ciento cincuenta días alcanzaron su punto máximo, entonces empezaron a menguar lentamente. Hasta que, en algún momento, la paloma enviada por Noé anunció con una hoja de olivo que las aguas habían vuelto a liberar la tierra. El arca llegó finalmente al monte Ararat, donde Noé pisó tierra junto con su familia.

Este relato del Antiguo Testamento es la versión más conocida del Diluvio pero no la única. En muchas culturas y religiones, en diversas capas de la cultura y en casi todos los continentes se encuentran leyendas comparables; África es el único donde el motivo aparece con poca frecuencia. En estas leyendas, la humanidad se ve asolada, con énfasis distintos, por catástrofes naturales que la aniquilan casi por completo: a veces por ira divina, a veces sin razón alguna, otras como condición expurgatoria para una creación nueva y mejor, o por un combate entre las fuerzas cósmicas. Pero en todos los casos logran ponerse a salvo unos pocos, ya sea sistemática o casualmente. El amparo es ofrecido por un barco o una balsa, una cueva o una fortaleza. Después de la catástrofe, los sobrevivientes fundan una nueva estirpe, y la historia continúa.

Muchas de estas leyendas se han influido entre sí. El relato del Diluvio del Antiguo Testamento, por ejemplo, puede rastrearse en antiguas crónicas orientales, como la epopeya de *Gilgamesh*. Narraciones de catástrofes similares aparecen en los griegos, los celtas y los germanos, en la tradición china, así como en los incas y los mayas de la América antigua. ¿Es entonces el tema del diluvio un mito sin fundamento histórico? Desde el punto de vista mitológico, podría tratarse del motivo de un ciclo cósmico: de cómo la naturaleza se renueva año tras año para volver a consumirse, de cómo el mundo debe destruirse para renovarse, es decir, ser creado nuevamente.

No obstante, también es posible que los diversos relatos diluvianos se remonten a una o varias catástrofes ambientales arraigadas en la memoria cultural de los pueblos. ¿Hubo acaso una catástrofe global cuyo relato se transmitió de generación en generación en las diversas culturas? De forma similar a lo que sucede con el mito de la Atlántida, los investigadores especializados y aficionados del mundo entero siguen buscando indicios que comprueben, por medio de conocimientos geológicos, el relato de esta catástrofe natural que asoló a casi toda la humanidad.

El cambio climático es un tema que está a la orden del día en el siglo XXI, pero nuestros antepasados también deben de haber experimentado transformaciones sustanciales en sus condiciones de vida. Por tanto, podría pensarse que los relatos diluvianos se refieren a un cambio climático global cuyas consecuencias fueran unas lluvias masivas y unos niveles de agua cada vez más altos. Sin embargo, puesto que las precipitaciones, por sí solas, no pueden generar una catástrofe de tales dimensiones, podría pensarse que se hubiera producido un calentamiento de la tierra después de la última glaciación —hace, en términos muy generales, unos diez mil años—, que derritiera las masas glaciales y que, por ende, elevara la superficie del mar. De acuerdo con otra teoría, las temperaturas crecientes despedazaron un glacial escandinavo que, posteriormente, se precipitó hacia el Báltico y desató un maremoto catastrófico.

En décadas pasadas, y gracias a los métodos modernos de investigación, los geólogos han podido demostrar catástrofes naturales que tuvieron lugar hace miles de años en diversos lugares de la tierra. Desde finales del siglo XX, el tema vital de muchos científicos del mundo entero y de diversas especialidades ha sido la elaboración de una teoría sólida acerca de una catástrofe ecológica de ese estilo que ocurrió en nuestros alrededores: la inundación del mar Negro. Cada vez hay más indicios que confirman una hipótesis que llamó la atención durante un gran congreso internacional del año 2002, en Italia, y que fue formulada por dos geólogos estadounidenses. Dicha hipótesis se cita ocasionalmente para explicar el mito de la Atlántida y, aunque no ha podido ser comprobada hasta el momento, tampoco ha podido ser refutada.

La inundación del mar Negro debe de haber sucedido aproximadamente en el año 6700 a.C. En aquel entonces, debido a una inundación de proporciones descomunales, se formó el mar Negro tal y como hoy lo conocemos, en lo que antes era una reserva de agua dulce muchísimo más pequeña. Por un terremoto o maremoto, o un desplazamiento geológico comparable, se habría producido una onda de pleamar que se precipitó desde el Mediterráneo hacia el mar de Mármara (junto a la Estambul actual) y que, finalmente, hizo correr cantidades de agua hasta el mar Negro. Con ello, no sólo creció considerablemente el mar Negro, sino que también se redujo la conexión terrestre que había entonces entre Europa y Asia, entre el mar Negro y el Mediterráneo. Es probable que las aguas saladas manaran año tras año desde el Mediterráneo hasta la cuenca de agua dulce e inundaran grandes partes de la región costera... lo cual suena muy parecido a la catástrofe presentada por la leyenda bíblica del Diluvio.

Ésta fue una catástrofe natural de grandes dimensiones, tanto en términos climáticos como geográficos, y que tuvo serias consecuencias para los habitantes de la zona, por lo cual los investigadores creen posible que el relato bíblico se remonte a ella. Es cierto que se necesitan más investigaciones, sobre todo en el fondo del mar Negro, para comprobar esta teoría, pero muchos especialistas consideran que eso es solamente una cuestión de tiempo.

La Atlántida

¿Una cultura desaparecida o sólo una buena historia?

La legendaria isla de la Atlántida ha sido objeto de búsqueda desde hace más de dos mil cuatrocientos años. A mediados del siglo IV a.C., Platón divulgó una de las leyendas más exitosas al describir en dos de sus diálogos la «civilización caída» que habría sido asignada a Poseidón hacía más de nueve mil años, por sorteo, cuando los dioses se repartieron el mundo... un proceder bastante irrespetuoso para con este lugar paradisíaco, podría decirse. Allí, Poseidón se enamoró de la ninfa Clito, y el hijo de ambos, Atlas, fundó el pueblo de los atlantes. A ningún otro pueblo le iba mejor que al de esta isla extremadamente bella, rica y fértil. En agradecimiento, sus habitantes la cultivaron y acondicionaron magníficamente: con los jardines más hermosos, los palacios más lujosos y los canales más sofisticados. Pero este agradecimiento llegó a su fin en algún momento, pues los atlantes se volvieron orgullosos, arrogantes y perdieron la mesura. Esto los llevó a querer dominar el mundo. Y en el camino para alcanzar esta meta, los cada vez más poderosos y desalmados atlantes se vieron enfrentados a la mucho más pequeña y débil, pero virtuosa, Atenas, que los derrotó. Pese a esta derrota, Zeus castigó sin compasión la presunción de los atlantes: un fuerte maremoto asoló la isla, que desapareció para siempre en veinticuatro horas.

Desde entonces se han buscado toda clase de explicaciones para otorgar un fundamento histórico a la descripción de Platón. ¿Se referiría a la desaparecida cultura minoica de Creta?

¿Acaso hubo un violento tsunami, tras una erupción volcánica, que devastó la gran isla al sur de Grecia y destruyó todo rastro de vida? Pero la indicación geográfica de Platón de que la isla se encontraba más allá de las Columnas de Hércules, es decir, Gibraltar, lo contradice, por lo que queda descartada una localización en el Mediterráneo. Por esa misma razón, tampoco es verosímil situarla en Santorini, la cual adquirió su forma actual por una trágica erupción volcánica que la afectó seriamente. La explicación sugiere entonces que la Atlántida se encontraría donde actualmente está el Atlántico. De hecho, Europa y América formaban antes un único continente, pero eso fue muchísimo antes de lo que podía abarcar la memoria de la Antigüedad. Otras propuestas suponen que detrás de la Atlántida estarían las Canarias, Heligoland, la Antártida o Irlanda... y la lista no se acaba ahí. En todo el mundo, los aficionados a la Atlántida han rastreado indicios para documentar su propuesta de localización del continente mítico.

El encanto del continente desaparecido sigue surtiendo efecto, pues el último congreso sobre la Atlántida tuvo lugar en el año 2005. En la isla de Milos, investigadores del mundo entero discutieron una buena cantidad de explicaciones, unas más serias que otras, acerca del emplazamiento de la civilización desaparecida. Hubo sobre todo tres teorías que dominaron la discusión: según una, la Atlántida podría identificarse con Troya; según otra, podría tratarse de una civilización hundida en el mar Negro, destruida por la inundación de esta cuenca en el siglo VII a.C.; según la tercera, podría identificarse con la isla Spartel, frente a Gibraltar, la cual quedó sumergida por la subida del nivel del Mediterráneo tras la última glaciación. Todas estas teorías tienen argumentos en su contra, así como es de suponer que se alzarán objeciones serias en contra de cualquier hipótesis futura.

En todo caso, la tenacidad con que los investigadores aficionados buscan la Atlántida deja indiferente a la mayoría de los científicos, partidarios de una larga tradición que, desde la Antigüedad, sospechó de la veracidad de esta leyenda. La mayoría de los científicos contemporáneos opinan que la búsqueda de la

Atlántida no tiene sentido porque el continente sumergido descrito por Platón de forma tan atractiva nunca existió. Antes bien, lo que el antiguo filósofo pretendía con la historia de la cultura condenada a desaparecer por su arrogancia era plasmar una alegoría o una advertencia. En general, las explicaciones de la leyenda suelen insertarse en reflexiones político-filosóficas, lo cual sugiere la conclusión de que la Atlántida era una parábola para explicar las razones teóricas del Estado ideal. Bien puede que la intención de Platón fuera más concreta y que quisiera ilustrar el peligro que corría su patria Atenas con un contraejemplo: todo lo que sube puede caer, como la Atlántida. No obstante, estas explicaciones también tienen sus objetores, puesto que no todos los científicos ven a Platón como el creador del mito de la Atlántida: algunos sospechan que éste utilizó una leyenda egipcia aun más antigua.

La carrera de Maratón

¿Modelo antiguo de una disciplina olímpica?

Al nordeste de la capital Griega está el lugar llamado Maratón, donde, en el año 490 a.C., la República de Atenas luchó al mando de Milcíades contra las tropas de los persas, quienes intentaron someter a las ciudades-estado griegas durante el siglo V a.C. Los diez mil soldados atenienses contaron con el apoyo de un millar de aliados platenses; los aliados espartanos llegaron demasiado tarde porque era luna llena, momento en que no podían entrar en combate. Los griegos vencieron pese a la superioridad de los persas, lo cual fortaleció la confianza en sí mismos y su voluntad de seguir afirmándose frente a los poderosos enemigos. Desde la nueva fundación de Grecia en 1830, la victoria contra los persas pertenece a los mitos nacionales de este Estado mediterráneo, y en Maratón puede contemplarse el túmulo levantado en honor de los 192 soldados caídos. También hay un monumento a la famosa carrera de Maratón, desde donde arrancaron los corredores de los Juegos Olímpicos de 2004.

En el momento en que la victoria de los atenienses estuvo asegurada, se dice que un enviado llamado Fidípides (otra versión lo conoce como Tersipo), cargado con la armadura, la lanza y en sandalias, corrió los 42 kilómetros que separan a Maratón de Atenas para transmitirles la buena nueva a sus compatriotas. Al llegar allí, según cuenta el historiador Plutarco, gritó: «¡Alegraos, hemos vencido!» para, acto seguido, caer muerto de agotamiento.

A partir de esta leyenda se originó la disciplina olímpica del maratón, que se corre desde los primeros Juegos de la era moderna, celebrados en Atenas en 1896: una carrera de fondo de cuarenta kilómetros, lo correspondiente a la distancia entre Maratón y el centro de Atenas. La longitud actual de 42,195 kilómetros se estableció en 1924. Desde entonces, los atletas corren la extensión correspondiente a la distancia entre el castillo de Windsor y el estadio White City, y se remonta a los Juegos de 1908 en Londres. El primer maratón de 1896 lo ganó un pastor griego llamado Spiridon Louis, en casi tres horas, lo que resultó sorprendente pues el pastor había sido considerado como un marginado entre los veinticinco competidores. La victoria lo convirtió inmediatamente en héroe nacional, y entonces dejó de importar el hecho de que hubiera corrido con el equipo de Estados Unidos porque los griegos no lo habían tomado en serio. En Grecia, Spiridon Louis sigue siendo considerado un héroe nacional, y el nuevo estadio olímpico de Atenas fue bautizado con su nombre en 2004.

Sin embargo, el pastor de ovejas no fue sólo el ganador del primer maratón olímpico sino del primer maratón como tal. Pues la leyenda no tiene ningún fundamento histórico, y en eso están de acuerdo la mayoría de los especialistas. Hay dos detalles que hacen que la historia parezca muy improbable. Por un lado, hay un informante principal de la batalla, a saber, el famoso historiador Heródoto. Pero éste no menciona en ningún momento al enviado, lo cual es francamente sospechoso, pues el cronista glorifica la hazaña de los griegos ante la superioridad de los persas y no habría dejado que se le escapara la referencia al valiente soldado que sacrificó su vida por llevar la noticia hasta Atenas. Han sido escritores posteriores los que han incorporado al corredor de Maratón en sus descripciones de la batalla. El segundo detalle es trivial, pero no por ello menos convincente: no había ninguna necesidad de mandar un enviado a pie hasta Atenas. En aquel entonces, los griegos habían adoptado hacía tiempo la transmisión de noticias por señales, con lo que podían haber informado de la victoria a sus conciudadanos mucho más deprisa y sin perder otro soldado.

La paz de Calias

¿Ningún tratado de paz entre Grecia y Persia?

*E*n el año 500 a.C., las ciudades griegas de Asia Menor y Chipre se sublevaron contra el gran Imperio persa, pero la prolongada rebelión jónica fracasó y terminó con la destrucción de Mileto en el 494 a.C. A esto siguieron las famosas guerras médicas entre los persas y Atenas, posteriormente la Liga de Delos (una coalición de las ciudades griegas en torno al Egeo). Estas guerras fueron de enorme importancia para la historia de Grecia y Europa porque interrumpieron la expansión del poder de los reyes persas; y sobre ellas escribieron tanto el «padre de todos los historiadores», Heródoto, como el dramaturgo Esquilo. A mediados del siglo V a.C., tras décadas de luchas y victorias alternantes de los persas y los griegos, las enemistades llegaron a término gracias a la paz de Calias, considerada como la base para unos tiempos más tranquilos después de las prolongadas escaramuzas, y negociada supuestamente en el año 449/448 a.C. por el enviado ateniense Calias con el rey Artajerjes en la capital persa de Susa.

Según la leyenda, el tratado cerrado por Calias en nombre de la Liga de Delos fue una especie de pacto de no agresión. Los atenienses se comprometían a no atacar a los persas, mientras que Persia aceptaba una franja costera de Asia Menor (del ancho de un día de cabalgata) como tabú para sus fuerzas militares, así como el hecho de que su armada no podía avanzar por el Mediterráneo hacia el oeste más allá de una línea determinada.

Por su parte, las ciudades jónicas de Asia Menor recuperaron su independencia.

Sin embargo, es bastante dudoso que este acuerdo entre los atenienses y los persas haya tenido lugar. Heródoto, considerado como el testigo más importante de los acontecimientos dentro de los cuales debió de alcanzarse la paz, habla del negociador Calias y de su misión en tierra de los persas, mas no de la firma de un tratado. Es más, su crónica no se remite al período en que debió de darse la paz, sino a veinticinco años atrás.

Por otra parte, hay argumentos decisivos en contra de la autenticidad del acuerdo. ¿Por qué habría cerrado Atenas un tratado que privaba del derecho de existencia a la Liga de Delos y, por tanto, limitaba la influencia ateniense? Después de todo, habían ganado claramente la batalla de Salamina. ¿Y por qué guardó silencio acerca de la paz el cronista Tucídides? El griego, comandante de una flota ateniense en la guerra del Peloponeso (431-404 a.C.), es considerado completamente confiable en su crónica acerca de la estrategia bélica ateniense del siglo V.

La pregunta acerca de si realmente hubo un acuerdo de paz entre los griegos y los persas es de gran relevancia porque la historiografía de la época siguiente se basó en la autenticidad del mismo. Las guerras médicas juegan un papel importantísimo en la historia de la Grecia clásica, y esta época llegó a término con la Paz de Calias o con el paso silencioso, sin una conclusión oficial, de una etapa de confrontación bélica a una etapa de paz. Al parecer, esto les resulta tan insatisfactorio a la mayoría de los historiadores que siguen dando por verdadera la cuestionable versión del tratado. Es probable que la controversia nunca se resuelva, e incluso los mismos historiadores implicados suspiran una que otra vez ante esta pregunta, que se ha convertido en un verdadero tentetieso de la Antigüedad clásica.

Cleopatra

¿La mujer más bella del mundo?

«¡*Qué* nariz!», se admira permanentemente el druida Panorámix en el cómic *Astérix y Cleopatra*, y no es el único en prorrumpir en apasionados panegíricos sobre la belleza de la reina egipcia. Pero la apariencia de Cleopatra no sólo impresionaba a los hombres del cómic sino también en la realidad. Era tan extraordinariamente bella que los emperadores romanos César y Marco Antonio cayeron a sus pies uno tras otro. Con César, quien la ayudó a asegurar la soberanía de Egipto y la invitó a Roma, tuvo un hijo. Después de que éste muriera, se casó con Marco Antonio y tuvieron tres hijos. Cuando Antonio perdió la lucha por el dominio de Roma a manos de su rival Octavio, en la batalla de Actium (año 31 a.C.), y recibió la falsa noticia de la muerte de su amada, se suicidó. Unos cuantos días después, Cleopatra se hizo morder por una serpiente venenosa y lo siguió a la muerte.

La mujer que sedujo sin esfuerzo a estos dos grandes e intervino conscientemente en la política mundial debía de haber sido de una belleza impresionante, sentenció la posterioridad. Numerosos retratos reproducen la belleza de Cleopatra y, siglos después incluso, Boccaccio calificó la belleza como su cualidad más destacada. No es de extrañar que, en el siglo XX, se buscaran actrices impecables para representar a la reina egipcia en una película.

No obstante, la belleza de Cleopatra no puede comprobarse. De los contemporáneos que la conocieron sólo hay dos testimonios que, sin embargo, no pueden considerarse objetivos: provienen de César y de su partidario Hircio. Los retratos de la reina tampoco son confiables, pues entonces se las idealizaba igual que hoy, además de que no podemos recurrir a las representaciones antiguas como prueba de la apariencia de una persona. Los artistas solían crear retratos favorecedores y se atenían a las exigencias de la propaganda estatal o de sus clientes, que admiraban a la reina.

Los cronistas romanos plasmaron sus apreciaciones uno o dos siglos después, y desde su punto de vista Cleopatra debe de haber parecido una intrusa que azuzó la escena política romana. Aun así, el historiador romano Plutarco habla del placer de conversar con ella y de su suave voz. Su apariencia, sin embargo, no determinaba su carisma, y según muchas traducciones, Cleopatra no sólo no era bella sino muy fea. El colega de Plutarco, Dión Casio, por su parte, se refiere claramente a su apariencia y la elogia como la más hermosa de todas las mujeres, pero menciona también su voz seductora y su gran carisma. En general, las muchas versiones sobre la personalidad de Cleopatra son tan contradictorias y tendenciosas, que los historiadores tienen dificultades para escribir su biografía. Por tanto, ¿cómo podría haber juicios confiables acerca de su apariencia?

Dependiendo del punto de vista, Cleopatra fue la última soberana de un reino vetusto y decadente que sólo vivía para asegurar su independencia, o fue una mujer culta e inteligente que fascinó a dos gobernantes romanos y definió conscientemente su destino, o bien una conspiradora ávida de poder, derrochadora, que se inmiscuyó en los asuntos internos de la política romana e influyó en la lucha por el poder entre Octavio y Antonio. Por otro lado, fue también la jovencísima heredera al trono de Egipto que no sólo sobrevivió a las querellas de la Corte sino que, además, reinó durante veintidós años, hizo crecer su reino y lo guió hacia su último apogeo. Asimismo, podría verse a Cleopatra como la madre ambiciosa que quería allanarle el camino a su hijo hacia la cúspide de Roma o como la política orgullosa que prefirió el suicidio a la humillación de ser puesta en ridículo en la marcha triunfal de Octavio por Roma. Como reina de la dinastía ptolemaica, fue la última soberana del reino faraónico de tres mil años de edad que, a su muerte, terminó convertido en una provincia romana, así como una reina resuelta que influyó en el período de transformación de Roma de república a imperio y que definió la política internacional.

Todos estos aspectos han influido en la imagen de Cleopatra, además de su autorretrato, de extremada «eficacia mediática» hasta hoy. El mito de su belleza extraordinaria es una esencia destilada a lo largo de los siglos, filtrada por la debida dosis de perspectiva masculina. Ya fuera juzgando en líneas parciales o generales, estos jueces establecieron una cualidad como base de su significado histórico: una belleza irresistible. La historiografía romana, por su parte, se esforzó especialmente por resaltar sus rasgos femeninos y negativos en vez de profundizar en su personalidad de soberana y política. Así, al analizar con atención los diversos dictámenes sobre Cleopatra, vemos que tanto para los autores romanos como los cristianos, la reina egipcia se hizo sospechosa por ser una mujer independiente y no una esposa obediente como le correspondía.

En la Edad Media, el interés por la última reina de Egipto disminuyó hasta que, tras una pausa de varios siglos, su leyenda revivió en el siglo XIV. Boccaccio la describió como bella pero igualmente avara, desalmada y lasciva. Desde entonces, y a partir de esta imagen, incontables escritores, pintores, compositores de óperas y dramaturgos, predominantemente masculinos una vez más, se ocuparon de la vida de la última reina egipcia. Un ejemplo muy leído y representado hasta la actualidad es *Antonio y Cleopatra*, la obra de Shakespeare sobre un amor trágico. Y con la invención del cine, finalmente, el tema pareció hecho por encargo: la vida de Cleopatra ha sido llevada a la pantalla una gran cantidad de veces y ha sido interpretada por las mujeres más bellas de la historia del cine, empezando por Elizabeth Taylor en 1963.

De este modo se ha atizado el mito de la mujer más bella

hasta la actualidad. Un mito que, pese a toda obstinación, carece de bases firmes. El escritor y ex ministro de cultura francés André Malraux llegó a describir alguna vez a Cleopatra como «reina sin rostro».

Al asunto de la nariz de Cleopatra, que aparece con especial frecuencia en Astérix, también puede dársele otra explicación. En el siglo XVII, el matemático Pascal acuñó la famosa expresión de que «el mundo sería distinto si la nariz de Cleopatra hubiese sido más pequeña». La leyenda de que la reina egipcia tenía una nariz particularmente pronunciada se remonta a las efigies de las monedas. Sin embargo, estas imágenes no se destacan por sus proporciones equilibradas. Una nariz intencionalmente acentuada puede haber tenido también un propósito simbólico, por ejemplo, como expresión de una personalidad especialmente fuerte. Y Pascal no se equivocó del todo, pues Cleopatra tenía una personalidad claramente fuerte. Bella o no, con nariz llamativa o no, la reina egipcia era inteligente, culta y decidida. Una mujer extraordinaria, fascinante, que se ganó su puesto en la historia.

La Biblioteca de Alejandría

¿Quién acabó con el antiguo patrimonio cultural?

Desde hace miles de años, la humanidad ha custodiado el conocimiento y la cultura en las bibliotecas. Son muchísimas, y su arquitectura y mantenimiento suele ser una cuestión de prestigio. Hace apenas pocos años se «reabrió» en Egipto, con gran pompa y a modo de campaña publicitaria del Estado, una biblioteca que, pese a su destrucción hace muchos siglos, es una de las más conocidas del mundo y la más importante de la Antigüedad: la Biblioteca de Alejandría. Existen diversas versiones sobre su destino trágico: según una, fue víctima de un incendio en el año 47 a.C. durante la Guerra Alejandrina, cuando Julio César restituyó a Cleopatra como reina de Egipto. Según otras, fue víctima de la cristianización de Alejandría a finales del siglo IV. Otra versión responsabiliza al Islam de su destrucción: se dice que cuando el general Amru conquistó Alejandría, en el año 642 d.C., el califa Omar I decidió acabar con todas las reservas de la biblioteca. Su razonamiento era tan simple como serio: los libros que contradecían al Corán debían ser destruidos. Puesto que bastaba con el Corán, todos los demás libros eran superfluos y sacrificaban con ello su derecho a existir. Según esta leyenda, los cuatro mil cuartos de baño de la ciudad ardieron con los papiros durante medio año. Todas estas explicaciones parecen más o menos verosímiles, pero ¿cuál es el verdadero responsable de este atentado contra el patrimonio cultural de la Antigüedad?

Desde el siglo IV a.C., los gobernantes helénicos entendieron la cultura de las bibliotecas como parte de una amplia política cultural. En Alejandría, bajo la dinastía ptolemaica, se crearon dos importantes colecciones: una biblioteca, más pequeña, en el templo de Serapis, que albergaba más de cuarenta mil rollos, y la biblioteca, muchísimo mayor y legendaria, del Museion, que contenía más de medio millón. He ahí una colección digna de atención, además de que la gran mayoría de rollos no contenían sólo una obra sino varias. El Museion era una academia que seguía el modelo de la escuela aristotélica de Atenas y estaba destinada a las ciencias. En su colección, siempre creciente, los académicos podían estudiar el conocimiento compilado en aquellos tiempos.

El Museion y su biblioteca, fundados por Ptolomeo I Sóter, alrededor del año 300 a.C., estaban en el recinto del palacio y fueron ampliados por su sucesor. La ambición de los reyes ptolemaicos consistía en reunir el conocimiento completo de la humanidad: «Todos los libros de todos los pueblos de la tierra». Esto pertenecía al programa de helenización del antiquísimo reino egipcio y demás zonas dominadas por los Ptolomeos. El argumento era sencillo pero claro: para dominar a los pueblos desconocidos había que entender su cultura, para lo que debían conocerse sus libros y, por tanto, traducirlos al griego. Por ello, Ptolomeo I escribió a los soberanos del mundo pidiéndoles que le enviaran sus libros para ayudarlo a ampliar las reservas de su biblioteca.

Para llegar a la biblioteca, los libros debían recorrer caminos retorcidos. Una de sus políticas de subsistencia era, por ejemplo, embargar todos los rollos de los barcos que arribaban a Egipto para destinarlos a la colección mientras que los dueños eran engatusados con copias elaboradas con descuido. Unas cuantas décadas después de la creación de la colección, Ptolomeo III fue especialmente osado al tomar en prenda las ediciones atenienses oficiales de las tragedias de los dramaturgos clásicos Esquilo, Sófocles y Eurípides, para nunca devolverlas. Hasta la orgullosa Atenas tuvo que conformarse con una copia de segunda. Pero no todos los rollos de la biblioteca eran de tan dudosa procedencia; muchos de ellos llegaban por vías aceptables hasta su puesto en el Museion. Los representantes de la biblioteca compraban libros por todo el reino y los enviaban a Alejandría. Así, la colección fue creciendo de una forma u otra, y la biblioteca de Alejandría se convirtió en la más grande e importante del mundo.

Sin embargo, la biblioteca no se dedicaba únicamente a recopilar libros. Sus directores eran destacados hombres de letras, y en ella se producían bibliografías, catálogos, comentarios y ediciones críticas. Quien trabajaba en ella gozaba de privilegios: no tenía que pagar impuestos, recibía un buen sueldo y contaba con la mejor atención en todo. Los colaboradores letrados servían como educadores de la familia real así como consejeros políticos y culturales. Entre los usuarios se encontraban muchos e importantes historiadores, como Calímaco, Plutarco y Estrabón, quienes resultaron ejemplares en su tiempo. Actualmente, a los bibliotecólogos se les humedecen los ojos al pensar en los tesoros perdidos de Alejandría.

La importancia de la biblioteca y su excelente fama deben de haber contribuido a la circulación de diversas explicaciones acerca de su destrucción, y llama la atención que se haya responsabilizado a paganos, cristianos y musulmanes, alternativamente, de la desaparición de este símbolo de la cultura antigua. Pero, ¿quiénes fueron los verdaderos culpables?

Es cierto que las actividades de Julio César en los años 48 y 47 a.C. acarrearon destrucciones en Alejandría, de las que fueron víctima algunos rollos. Se dice que el marido romano de Cleopatra, Antonio, en consolación por los bienes culturales perdidos, le procuró doscientos mil rollos provenientes de la biblioteca de Pérgamo, la rival más fuerte de la colección alejandrina. Pero bien puede ser que ésta no sea más que una historia bonita totalmente carente de veracidad histórica. Los libros de Cleopatra que fueron destruidos en aquel entonces eran sólo cuarenta mil ejemplares supuestamente destinados para la exportación y almacenados en el puerto de la ciudad, pues la biblioteca no sólo compraba sino que también negociaba con duplicados. Además, el Museion y su biblioteca quedaron intactos después de los disturbios.

La verdadera destrucción de la biblioteca sucedió a finales del siglo III durante el enfrentamiento del emperador Aureliano y Zenobia de Palmira que provocó la caída del distrito de Brucheion, donde se encontraban el palacio real y el Museion. Más de una década después, Diocleciano envió tropas a Alejandría para sofocar las sublevaciones. Los estudiosos de la biblioteca tuvieron que limitarse a la del templo de Serapis, que era más pequeña y que también fue destruida unos ciento veinte años después. Esta vez por obra de cristianos, quienes hasta hacía poco habían sido perseguidos por sus creencias y ahora se erguían como jueces del valor de los libros. El obispo Teófilo dirigió a una muchedumbre enardecida que tenía las miras puestas en el templo pagano. Fue así como cayó el templo de Serapis, al parecer junto con su colección.

La historia de la destrucción islámica de las colecciones restantes en el siglo VII es motivo de debates entre los especialistas, pues el Islam respeta las otras dos religiones «de libro», tanto el cristianismo como el judaísmo, y prohíbe la destrucción de sus textos, los cuales formaban parte de la colección. Además, buena parte de los textos de la Antigüedad sobrevivieron a la Edad Media únicamente gracias al Islam, y el general islámico Amru era un hombre muy culto, respetuoso de las otras culturas.

De todos modos, la gran pregunta es si para aquel entonces, tras las transformaciones políticas producidas desde el fin de los Ptolomeos, aún quedaba algo del esplendor erudito de la biblioteca. Alejandría había sacrificado su posición cultural y política hacía tiempo, y había perdido igualmente su famosa colección de libros.

Jesús de Nazaret

¿Cuándo fue la Nochebuena?

*L*a fecha de nacimiento de Jesús de Nazaret es uno de los datos más debatidos de la historia universal. Desde hace siglos se ha intentado determinar, por todos los medios posibles, la fecha exacta. ¿En qué año tuvo lugar el acontecimiento que los cristianos del mundo entero festejan año tras año como Navidad y en el que se basa el calendario según el cual se guía la mayor parte de la humanidad?

Esta pregunta es un problema de calendario, ante todo, pues la era cristiana se estableció por primera vez en el año 525 y se fue imponiendo poco a poco desde entonces. Cuando, en el siglo VI d.C., se evidenciaron problemas con el cálculo de la fecha de la Pascua, se le encargó al monje Dionisio el Exiguo que encontrara una solución. Dionisio estableció entonces una nueva cronología, pues no quería seguir contando los años según mediciones paganas sino a partir de la «encarnación de nuestro Señor Jesucristo», como escribió. Pero, ¿estableció la fecha correcta?

Es importante tener en cuenta que el año «0» no figura en el calendario cristiano. Dionisio estableció que al año 1 antes del nacimiento de Cristo lo siguiera inmediatamente el año 1 después de Cristo; el sistema aritmético romano no utilizaba el número «0». Para sus cálculos, el monje se remitió al reinado de Augusto y la fundación de Roma, pero no consultó ninguna fuente judía. ¿Acaso Jesús no debería haber nacido en la noche del 24 al 25 de diciembre del año 1 a.C. si después le sigue el año 1 d.C.? El asunto es muy complicado puesto que los datos del Nuevo Testamento son inconsistentes mas no del todo contradictorios. Hay que compararlos críticamente con otros datos históricos para así poder seguirle la pista al año de la Natividad.

Dos relatos del Nuevo Testamento describen el nacimiento de Jesús.

El Evangelio según San Mateo, escrito entre los años 80 y 90 d.C., se refiere a los Magos de Oriente que se presentaron en Jerusalén y preguntaron por el nacimiento del Mesías que les había anunciado una estrella. La estrella los guió a los tres a Belén, donde encontraron al recién nacido y le rindieron homenaje. Esto sucedió al final del gobierno de Herodes I, quien ejerció el cargo desde el 37 hasta la primavera del año 4 a.C. En el Evangelio no consta claramente si la estrella sólo anunció o proclamó el nacimiento del Mesías. En todo caso, y según Mateo, al oír la noticia, Herodes hizo matar a todos los niños menores de dos años de Belén y sus alrededores. Quería asegurarse de que «el recién nacido Rey de los judíos», como leemos en la Biblia, se encontrara realmente entre los niños asesinados. En cuanto a la fecha del nacimiento de Jesús, esto significaría que nació, al menos, nueve meses antes del fin del gobierno de Herodes, es decir, en el año 6 a.C. El Evangelio según San Mateo no aporta más al respecto, pues no dice nada acerca de cuánto tiempo estuvo Jesús con sus padres en el exilio, en Egipto, para escapar a los esbirros de Herodes, de quienes Dios les había advertido que se cuidasen.

El evangelista Lucas da cuenta, más o menos hacia la misma época que Mateo, de un censo del tiempo del emperador romano Augusto y bajo el gobierno del procónsul Quirino en Siria. María y José viajaron de Nazaret, en Galilea, hacia Belén, en Judea, de donde provenía la familia de José. Allí nació Jesús, medio año después del nacimiento de Juan el Bautista, cuyo nacimiento se anunció en la «época del rey Herodes». Este rey suele ser conocido como Herodes el Grande, quien, como ya se dijo, gobernó en Judea desde el año 37 hasta el 4 a.C. Sin embargo, está también su hijo Herodes Antipas, quien, tras la muerte del padre, obtuvo el mando de Galilea, entre otros, donde reinó hasta el año 39 d.C.

Las indicaciones de Lucas acerca del bautizo de Jesús por Juan el Bautista podrían utilizarse indirectamente para la determinación de su año de nacimiento. Según el Evangelio, Jesús fue bautizado a los treinta años, es decir, en el año 15 del reinado del emperador Tiberio. Por último, se remite a un período entre el otoño del 27 y el verano del 29, pero ¿tenía Jesús realmente treinta años, o este dato significa simplemente que estaba ya en edad madura? ¿O acaso el número treinta se refiere al rey David, quien se hizo rey a esa edad?

Este entramado cronológico débil y contradictorio de los evangelistas no permite emitir una declaración definitiva sobre la fecha de nacimiento de Jesús. Sin embargo, el historiador judío Flavio Josefo ofrece una pista que concordaría con la versión de Lucas al dar cuenta del censo de Judea, ordenado por Quirino en el año 37 tras la batalla de Actium, es decir, hacia el año 6 o 7 d.C.

En todo caso, la cronología según Lucas tiene sus puntos débiles. En primer lugar, no puede compaginarse con el reinado de Herodes el Grande, puesto que durante su gobierno no hubo ningún censo. Su hijo Herodes Antipas gobernó solamente en Galilea y Perea, donde tampoco se llevó a cabo ningún censo. Asimismo, según las indicaciones de Lucas, la crucifixión de Jesús tampoco habría podido ocurrir durante el gobierno de Poncio Pilato; no, si Jesús fue juzgado a los 33 años, como suele suponerse.

No obstante, la comparación crítica con otras fuentes (especialmente judías) sobre la vida de Jesús, indica que la datación de Lucas es la más probable. La discrepancia en cuanto al reinado de Herodes podría radicar en el hecho de que con «el Rey» también se hacía referencia a otro hijo de Herodes el Grande: Arquelao, deportado a la Galia por Augusto tras un breve gobierno en el año 6 d.C. debido a su inhabilidad. Prueba de esta confusión es, principalmente, que aparece en sus monedas con el nombre de su padre. En ese caso, Jesús sí habría nacido en el año 6 o 7 de la nueva era, habría asumido su misión hacia el año 35 o 36 d.C. y habría muerto en la cruz en el 36, el último año de gobierno de Poncio Pilato y más joven de lo que suele suponerse. Pero esto no concuerda del todo con las indicaciones de Mateo.

La pregunta es entonces: ¿qué declaraciones de los Evangelios acerca del nacimiento de Jesús tienen efectivamente un fundamento histórico? ¿Qué parte del relato ha de entenderse, más bien, en un sentido simbólico? Lo primero que habría que entender en este sentido es el relato de la estrella que guió a los tres Reyes Magos al lugar de nacimiento de Jesús. La estrella podría tener un sustento puramente mitológico y remitir al motivo del Mesías del Antiguo Testamento. Es cierto que se han buscado explicaciones astronómicas de un fenómeno celeste en aquel entonces: por ejemplo, una conjunción triple Júpiter-Saturno en el año 7 a.C., o también un cometa. Sin embargo, en la Antigüedad, las constelaciones celestes eran casi un epifenómeno ineludible cuando ocurrían grandes cosas sobre la tierra, de modo que es probable que, con esta alusión, el evangelista quisiera dejar claro que se avecinaban grandes sucesos.

Queda entonces el famoso asesinato de niños de Herodes. ¿Habrá sucedido realmente? ¿O será más bien una alusión para indicar que un niño predestinado sobrevivió de una extraña forma, una suerte de alusión al Moisés del Antiguo Testamento, que sobrevivió metido en una cesta a orillas del Nilo? La datación basada en el censo también puede despistarnos, pues es muy probable que lo que Lucas quería fuera explicar por qué Jesús venía de Nazaret cuando, según la profecía, el Mesías debía nacer en Belén. También es posible que los evangelistas hayan ilustrado el hecho con acontecimientos históricos que sí ocurrieron, mas no necesariamente en relación directa o causal con el nacimiento de Jesús.

La pregunta irresuelta sigue siendo fascinante, pero es bastante improbable que pueda responderse satisfactoriamente. No obstante, para efectos de la función de Jesús y la historia del cristianismo, la pregunta resulta más bien irrelevante, pues no afecta ni a su importancia ni a su enseñanza. Asimismo, es probable que nuestro calendario tampoco se viera afectado si el año de la Natividad pudiese fijarse a ciencia cierta, pues la confusión resultante sería demasiado grande.

Poncio Pilato

¿Un asesinato moral en la Biblia?

Hacia la cuarta década de nuestra era (la fecha no puede fijarse a ciencia cierta), Jesús de Nazaret, fundador del cristianismo, fue ejecutado por orden del procónsul romano de la provincia de Judea en Palestina, Poncio Pilato. El juicio de Jesucristo es el más conocido de la historia universal, y ningún otro acontecimiento de la Antigüedad ha sido investigado tan profundamente. La condena de Jesús suele atribuírsele a Pilato, lo que marcó la imagen histórica de este personaje para siempre. El Nuevo Testamento lo caracteriza como un soberano débil que gobernó muy mal en Judea, y esto fue lo que sucedió según los evangelistas: dado que los sumos sacerdotes judíos de Jerusalén querían deshacerse del peligroso y testarudo de Jesús, lo denunciaron ante el representante del emperador romano Tiberio porque se declaraba «Rey de los judíos» y era un rebelde; cosa que podía volverse contra el gobierno de Roma, que llevaba casi un siglo determinando el destino de Palestina, e implicaba un crimen de lesa majestad. Aunque Pilato sabía que Jesús era inocente, según cuentan los evangelistas, cedió a la presión del pueblo judío que exigía la ejecución del predicador ambulante. El evangelista Mateo cuenta que el romano Pilato cumplió incluso la costumbre judía de lavarse las manos para demostrar su inocencia.

Pero, ¿concuerda este dictamen sobre el gobierno de Poncio Pilato y su desacreditado papel en el proceso contra Jesús de Nazaret con la verdad histórica? ¿Sucedieron así el proceso y la condena de Jesús? ¿O acaso el Nuevo Testamento promovió un asesinato moral que, desde hace casi dos milenios, ha desacreditado al procónsul romano como un oportunista veleidoso?

Es cierto que los sabios judíos necesitaban el apoyo de la potencia ocupante para desembarazarse del Mesías fastidioso y, según ellos, autoproclamado. Y necesitaban un motivo mundano, pues la potencia romana no se inmiscuía en querellas intrarreligiosas. Por eso denunciaron a Jesús de Nazaret ante Poncio Pilato como un rebelde peligroso con el que había que acabar antes de que provocara otra sublevación en la agitada provincia. Ya antes habían intentado librarse del carismático predicador con una táctica parecida, y Pilato no podía dejar pasar sin más la acusación de crimen de lesa majestad contra Roma. Cuando el procónsul romano dudó de la culpa del acusado, según cuentan los evangelistas, los sabios incitaron al pueblo, cuya ira incitó a Pilato hasta el punto de que condenó a Jesús a pesar de que estaba convencido de su inocencia.

Durante el gobierno de Poncio Pilato (26-36 d.C.) hubo una gran cantidad de revueltas populares que éste sofocó sangrientamente. En ese entonces, por todo el reino romano, las provincias de frontera estaban bajo la fortísima presión de integración de la *pax romana*. Los judíos de Palestina se opusieron especialmente porque no querían renunciar a su identidad judía, y Poncio Pilato fue muy desconsiderado al respecto. Sin embargo, esto no concuerda con la imagen de un procónsul débil, como lo pintan los evangelistas. Otros cronistas describen a Pilato como un hombre con inteligencia táctica, aunque también como un soberano inflexible y atroz que reducía a porrazos cualquier oposición contra la dominación romana.

De modo que la imagen del procónsul desidioso, cuya debilidad confluye con las maquinaciones de los escribas, no es histórica y está definida más que nada por la rivalidad entre los judíos y los seguidores de Jesús con el fin de responsabilizar a los primeros de la muerte del último. Cuanto más precario se hacía el conflicto entre la religión antigua y la nueva tras la muerte de Jesús, más pretextos había para la propaganda con la que un bando intentaba desacreditar al contrario. Según la versión de los albores del cristianismo, la debilidad del procónsul romano apoyaba la pérfida táctica de los judíos, que lo convirtieron en su herramienta.

Pero si Poncio Pilato no se dejó instrumentalizar, ¿por qué ajustició a Jesús? ¿Acaso cedió por puro raciocinio ante la presión ejercida desde abajo para satisfacer a la muchedumbre judía que quería ver crucificado a Jesús? ¿O acaso creía que Jesús era inocente pero veía en él a un rebelde potencialmente peligroso que se oponía a su política de modernización e integración cultural? ¿Era ésta una razón suficiente para neutralizar, por precaución, al singular predicador?

En todo caso, lo único que despista no es la opinión consagrada sobre la debilidad de Pilato. La población judía de Jerusalén tampoco jugó el papel decisivo que le adjudica el Nuevo Testamento. El grito de «¡Crucificadlo!» es históricamente improbable porque el proceso, a diferencia de lo que dice el Nuevo Testamento, se llevó a cabo a puerta cerrada. Lo cierto es que Pilato creía que Jesús era inocente de cualquier delito que pudiesen achacarle los escribas judíos, pero no tuvo más opción que condenarlo, pues el acusado guardó silencio obstinadamente durante la mayor parte del juicio. Y los jueces debieron de interpretar ese silencio como porfía e insubordinación, lo que, según la ley romana, era considerado un crimen grave. Pilato lo habría dejado en libertad si Jesús se hubiera manifestado sobre los cargos imputados, pero éste prefirió callar. La consecuencia fue la tortura, bajo la cual volvió a guardar silencio, y esto motivó al despiadado hombre a condenarlo a muerte.

El emperador Tiberio

¿Un estadista sensato o un libertino inescrupuloso?

*E*s probable que la imagen que tenemos de Roma esté mucho más definida de lo que creemos por las películas de Hollywood, las novelas históricas y los cuestionables relatos de las ingeniosas guías de viaje. Nos imaginamos a César como un hombre enjuto y ascético, de pelo cano y expresión adusta; a Nerón como un hombre inquieto que se pasea de un lado a otro de su palacio con la mirada perdida, y a Tiberio como un viejo corrupto que cede a sus apetitos perversos en la isla de Capri. Los grandes personajes romanos suelen distinguirse por sus acciones y atributos específicos, que no son necesariamente falsos pero no suelen hacerle justicia a la compleja historia de Roma. Y una injusticia particular de la tradición histórica popular es la imagen que se ha construido de Tiberio, quien gobernó en Roma desde el año 14 hasta el 37 d.C.

Quien visite la isla de Capri, con su Gruta Azul, oirá hablar del *princeps* que escogió la isla paradisíaca como lugar de retiro, donde poseía una docena de villas lujosas que actualmente son atractivos turísticos. Y aunque el verdadero Tiberio era más bien huraño, lo que no se presta para las historias con las que entretener a los turistas, los guías pueden citar lo que escribieron los historiadores Tácito y, sobre todo, Suetonio. Según éstos, había «multitud de chicas y libertinos recogidos de todas partes, e inventores de toda clase de abusos contranatura y juegos eróticos en grupo. Él contemplaba para así azuzar sus fuerzas mustias». Suetonio describió a Tiberio como un viejo libertino que escenificaba orgías para después asesinar brutalmente a sus desamparados compañeros de juegos. Cuando quería deshacerse de esclavos u otros súbditos poco estimados e incluso personajes importantes, ordenaba arrojarlos, sin más, por los acantilados de la isla. Ajusticiaba a inocentes o se inventaba métodos de tortura para deleitarse con los tormentos de las víctimas, por pura diversión. En pocas palabras, el viejo Tiberio se dedicó a vivir únicamente para sus caprichos perversos y abandonó la política romana a su suerte.

Suetonio escribió sus duras palabras unas cuantas décadas después de la muerte de Tiberio, y su clasificación del Emperador romano como el primero de los déspotas corruptos y egocéntricos que traicionaron la orgullosa herencia de César y Augusto y abandonaron Roma a su ruina, sigue siendo famosa. Su colega Tácito también estuvo de acuerdo con este dictamen, así como los demás escritores que propagaron la mala imagen de Tiberio como el tirano traidor; entre ellos, Alejandro Dumas, con *El conde de Montecristo*, y Robert Graves, autor del muy vendido *Yo, Claudio*.

Sólo a mediados del siglo XX se rehabilitó la imagen de Tiberio, y sorprendentemente, pues no fue muy difícil desmentir las calumnias. Llama la atención, por ejemplo, que no se encuentre ninguna crítica seria de su época que sea corroborada por relatos posteriores. Por un lado, el Emperador sí se preocupó por los asuntos oficiales durante su estancia en Capri. Por otro, según la bien documentada historia del derecho romano, los supuestos procesos y suplicios orgiásticos de Tiberio no se llevaron a cabo, y en cambio existen pruebas de que proporcionó ayudas económicas a las víctimas de un gran incendio en Roma.

Así, las investigaciones imparciales nos pintan a un Tiberio muy distinto: no a un soberano licencioso ni ególatra, sino, por el contrario, muy discreto, que incluso rechazó el honor de que un mes fuera bautizado con su nombre, como se hizo con César y con Augusto. Fue un estadista sobrio, culto y con un marcado sentido de justicia. Pero esto, sumado a su estilo reservado y huraño, no encajaba del todo en la deslumbrante escena política romana. Tiberio se distinguió como generalísimo en Germania antes de asumir el poder en Roma, gobernó moderadamente en lo económico y se preocupó por la administración de las provincias. Con los años, sin embargo, tuvo que lidiar también con numerosos desengaños personales, esperanzas defraudadas e intrigas terribles, lo que lo convirtió en un hombre solitario y lo llevó, más de una vez, a dar la espalda a Roma.

La campaña de desprestigio contra Tiberio empezó, al parecer, con Vipsania Agripina, quien lo culpó del asesinato político de su marido Germánico, hijo adoptivo del Emperador. Tiberio se defendió, pero ya había empezado a caer en descrédito. Hoy diríamos que le faltaba carisma mediático. Además, el hecho de que se retirara a Capri pese a sus obligaciones como *princeps* sólo le procuró más enemigos en Roma, donde se gestaba la opinión pública. Con su nombre se asociaron entonces numerosos *affaires* políticos sucios, aunque no tuvo nada que ver con la mayoría.

Sin embargo, fue después de su muerte cuando Tiberio cayó en el descrédito absoluto. La época de Tácito y Suetonio estuvo marcada por la glorificación del apogeo pasado y el pesimismo ante la decadencia hacia el despotismo que experimentaban día tras día. Por eso, a los ojos de las generaciones posteriores, Tiberio se convirtió en una víctima póstuma de la historiografía. De todos modos, así como no fue la encarnación del déspota despiadado, tampoco fue un tierno inocente. Pero su ejemplo pone en evidencia que desde entonces los políticos hacen bien en preocuparse, mientras viven, por la imagen que proyectan. De lo contrario corren el riesgo de convertirse, durante siglos, en chivos expiatorios de procesos de los que no tienen la culpa en absoluto.

Arde Roma

¿Cólera de Nerón o nefasto accidente?

$\mathcal{N}$ingún emperador romano ha salido tan mal librado del juicio de la posteridad como Nerón. Con él relacionamos la imagen clásica del gobernante corrupto, demente e inhumano; en términos modernos, un ególatra despiadado. Peter Ustinov lo interpretó magistralmente en la adaptación cinematográfica de la novela *Quo vadis?*, pero su cautivadora interpretación carece de fundamento histórico.

La imagen exclusivamente negativa de Nerón quedó definida por el hecho de que durante su gobierno tuvieron lugar el gran incendio de Roma y la consiguiente y feroz persecución de los cristianos. A primera hora de la mañana de un día de verano del año 64 se desató un incendio en el Circo Máximo, probablemente donde estaban los tablados inflamables. El fuego se expandió a toda velocidad y sólo fue controlado después de seis días y siete noches, cuando pudieron impedir con cortafuegos que las llamas siguieran afectando más zonas de la ciudad. Pero no se extinguieron todos los focos, y las llamas volvieron a encenderse y prolongaron unos cuantos días más su labor destructiva. En aquella época los incendios eran frecuentes en Roma, pues la madera era un material de construcción importante y la protección contra incendios era insuficiente, y aunque el cuerpo de bomberos se había ampliado, el incendio superó todo lo conocido hasta entonces. Sin embargo, la leyenda sobre las dimensiones de esta catástrofe es inconsistente. A veces se dice que el incendio destruyó dos tercios de

Roma, otras, que sólo perdonó dos de los catorce distritos de la ciudad. Las consecuencias, en todo caso, fueron nefastas. Tanto zonas residenciales y comerciales como templos antiguos y edificios públicos fueron víctimas del fuego. Muchas personas murieron entre las llamas, doscientos mil romanos quedaron a la intemperie... la orgullosa ciudad quedó mayoritariamente convertida en un desierto de cenizas.

Puesto que el fuego ardió con una persistencia tan extraordinaria, se expandió el rumor —con la misma velocidad que las llamas— de que había sido un incendio provocado. Entonces la ira del pueblo se volvió contra Nerón, pues, a diferencia de Augusto, quien siempre se dejaba ver en las emergencias y sabía animar al pueblo, se quedó inicialmente en su residencia de verano; un error que siguen cometiendo los políticos actuales y que la opinión pública sigue cobrándoles una y otra vez. Sólo cuando su palacio se vio amenazado por el fuego, Nerón regresó a Roma.

En aquel entonces, muchos escritores culparon del incendio al Emperador y le atribuyeron diversas motivaciones: una, que había querido emular el incendio de Troya; otra, que deseaba hacer *tabula rasa* para saciar su sed de construcción y reconstruir la ciudad convertida en Nerópolis, y otra, que quería vengarse por diversas conspiraciones en su contra. Corrieron todo tipo de rumores, como el de que había sido visto en la torre de su palacio tocando la lira y cantando la ruina de Troya durante el incendio.

Pero estas acusaciones, ya fueran insinuadas con cautela o revestidas de «pruebas» infundadas, eran todas falsas. El momento propicio surgido por la terrible catástrofe, sumado a una población atemorizada y al caos reinante, fue aprovechado por los grupos de oposición que contagiaron eficazmente al pueblo su rechazo del Emperador.

Nerón no sólo no fue culpable del incendio, sino que tampoco puede ponerse reparo a sus medidas de urgencia. En cuanto regresó a Roma, el Emperador abrió sus jardines para los desamparados y dispuso fondos económicos y materiales para los damnificados. Estableció también alicientes para los propietarios perjudicados con el fin de iniciar cuanto antes la reconstrucción y decretó instrucciones importantes en lo referente al estilo y la altura para impedir futuros incendios y facilitar la lucha contra los mismos en caso de que volviese a haber un gran incendio. Asimismo, ordenó honrar a los dioses con fiestas de sacrificio; un aspecto importante para tranquilizar a la población atemorizada. De modo que Nerón hizo todo lo que estaba en su poder para mitigar las consecuencias del incendio y reconstruir la ciudad lo antes posible.

Pero por más que aligerasen la ira de los dioses, los rituales culturales no podrían vencer los rumores que corrían sobre el rol de Nerón como incendiario. En medio de una situación tan precaria, en una ciudad destruida, los ánimos negativos podían transformarse rápidamente en un resentimiento abierto de las masas veleidosas. Y la reacción de Nerón ante estas crueles acusaciones resultó funesta. El Emperador hizo lo mismo que hicieron otros antes y después de él al verse en aprietos: proporcionar un chivo expiatorio contra el cual el pueblo enardecido pudiera desahogar su cólera. Lo que llevó a la persecución de los cristianos, cuya afluencia creciente resultaba sospechosa, por no hablar de sus singulares opiniones religiosas. Nerón hizo arrestar a algunos miembros de esta nueva secta y los torturó para que confesaran su culpa. El pueblo de Roma obtuvo así lo que exigía: procesos públicos, ejecuciones y el chivo expiatorio conveniente para la terrible catástrofe.

Sin embargo, a los posteriores historiadores cristianos no les causó ninguna gracia la persecución de los cristianos impulsada por el Emperador pagano, actitud que se prolongó a lo largo de la Edad Media y hasta la actualidad. Y puesto que la figura de un tirano perseguidor, loco e incendiario encaja perfectamente en la historia de los cristianos despreciados e inocentes, estos rumores sobrevivieron durante dos milenios. Con el dictamen de la posterioridad sobre Nerón sucedió lo mismo que con el de Tiberio: Nerón pertenecía, aun más que Tiberio, a la época de la decadencia de Roma, de la que se lo responsabilizó por su mal carácter y su nefasto gobierno. Así, generaciones de cronistas colocaron los supuestos (y verdaderos) crímenes de Nerón en primer plano y encubrieron todo lo que hizo de éste un soberano corriente, con sus fortalezas y sus debilidades.

La Donación de Constantino

¿Estado Vaticano subrepticio?

La Edad Media cristiana tuvo dos polos que se necesitaban tanto el uno al otro como se enfrentaban: el poder espiritual del Papa y el poder mundano del Emperador. Puesto que, por decirlo así, el uno aseguraba el orden terrenal y el otro proporcionaba la superestructura metafísica indispensable, dependían el uno del otro, y la lucha entre ambos estaba determinada por la pregunta de a cuál de ellos correspondía el derecho de mando, pues en ese entonces era impensable una delimitación clara entre Iglesia y Estado como la que conocemos actualmente.

El documento clave con el que el papado legitimó durante siglos su supremacía frente al Emperador cuando le parecía conveniente fue la llamada Donación de Constantino, según la cual el emperador Constantino I el Grande († 337) le había otorgado un regalo supremamente generoso y voluminoso al papa Silvestre I y a sus sucesores en agradecimiento por haberlo bautizado y curado de la lepra. Este primer Emperador romano de fe cristiana concedió a los papas dignidad imperial, los calificó de «cabeza y cima de todas las Iglesias en el mundo entero» y les cedió el dominio sobre la ciudad sagrada de Roma así como de «todas las provincias, lugares y ciudades italianas y del Occidente». Constantino trasladó su residencia a Bizancio, que desde entonces se llamó Constantinopla (la actual Estambul), porque habría sido inadmisible que el Emperador terrenal gobernara en el sitio donde Dios había establecido la cabeza de la Cristiandad. En el documento, Constantino comprometió solemnemente a sus sucesores a respetar estas reglas.

Constantino pasó a la historia como fundador de Constantinopla y mecenas del cristianismo, pues con él se impulsó el carácter cristiano de Occidente, vigente hasta la actualidad. Los cristianos fueron protegidos en el Imperio romano de Occidente a partir del año 312 y, un año después, se los reconoció oficialmente en el Edicto de Milán. Si bien la nueva religión venía ganando terreno desde hacía bastante tiempo, Diocleciano había ordenado la última persecución en el 303. No obstante, Constantino no era un hombre manso y no se acobardaba ni ante un hecho sangriento en el círculo familiar más íntimo cuando de asegurar el poder se trataba. Todavía se sigue discutiendo si promovió el cristianismo por convicción o por motivos políticos, y es de suponer que esto no podrá esclarecerse de forma definitiva. En todo caso, sólo se hizo bautizar en el lecho de muerte, según la leyenda, porque lo atormentaba el remordimiento debido a su inescrupulosa política imperialista.

A lo largo de los siglos, la curia romana se valió de la Donación de Constantino una y otra vez para respaldar su supremacía en nombre de Pedro y de Pablo, quienes padecieron y murieron martirizados en Roma. Según la leyenda en que se apoya el decreto, ambos apóstoles impulsaron al Emperador, en un sueño, a que se hiciese bautizar por Silvestre para curarse de la lepra. Por otro lado, las pretensiones territoriales que los papas deducían de los documentos también eran de enorme importancia.

Europa era una turbulenta colcha de retazos a principios de la Edad Media, y los papas tenían dificultades para imponerse. Hacia mediados del siglo VIII, los lombardos avanzaban hacia Roma, que entonces pertenecía al Imperio bizantino. Y puesto que Bizancio hizo muy poco por proteger a Roma de los temidos lombardos, el Papa decidió pedirle ayuda a Pipino, Rey de los francos. Probablemente fue entonces cuando el documento se utilizó por primera vez (suponiendo que fuera elaborado hacia el 750), pero esto sigue siendo tema de debate entre los historiadores. Lo que sí es seguro es que, con el acuerdo de Quierzy en el 754, por un lado, Pipino aprobó apoyar al papado en la guerra contra los lombardos y, con las concesiones territoriales de la «donación de Pipino», por otro, sentó las bases para el posterior Estado Pontificio, que se hizo realidad cuando Pipino expulsó a los lombardos de Italia definitivamente en una segunda campaña.

La Donación de Constantino es uno de los documentos más conocidos del mundo cristiano y fue de enorme importancia para el papado en el pasado. En la Edad Media, los papas tenían que asegurar su poderío y el Estado Pontificio, y para ello utilizaron durante siglos este presunto privilegio otorgado por el Emperador romano. El decreto legitimaba la supremacía del Papa sobre el Emperador del Sacro Imperio Romano en ciertas ocasiones y en otras servía como justificación de sus pretensiones territoriales. No obstante, continuamente se levantaban voces en contra del aspecto mundano de la Donación, que distraía a la Iglesia de su labor misma, no mundana. Al fin y al cabo, su reivindicación territorial hacía del jefe espiritual un soberano terrenal al mismo tiempo. Sin embargo, a los papas no parece haberles resultado siempre placentero tener que recurrir al viejo pergamino, pues ¿cómo podía el regalo de un emperador mundano legitimar la supremacía de la autoridad espiritual si ésta viene directamente de Dios? Quizás ellos sabían también que el documento era falso, pero esto no puede comprobarse.

Ya en el siglo XV pudo demostrarse que la presunta Donación de Constantino era una falsificación. Actualmente se presume que fue elaborada entre los años 750 y 850, momento a partir del cual empezaron a aparecer una larga serie de documentos falsos que atraviesan el Medioevo. Pero aunque esta falsificación fracasara finalmente —en ella pueden encontrarse muchos errores, y errores crasos—, el supuesto decreto imperial fue de gran utilidad para los papas.

El Estado Pontificio, que inicialmente se componía de propiedades eclesiásticas en Roma e Italia y que podía ampliarse por medio de donaciones y herencias, abarcaba buena parte de Italia en sus mejores tiempos, es decir, hacia principios del siglo XVI. Pero su decadencia empezó a partir de entonces, pues los papas ya no podían imponerse en la política exterior. En 1809 quedó en poder del Reino de Italia, y el territorio de la actual Ciudad del Vaticano quedó finalmente asegurado por los pactos lateranenses de 1929. Visto así, el papado consiguió subrepticiamente, por medio de la falsa Donación de Constantino y una pretensión ilegítima, el crecimiento territorial que experimentó a lo largo de la Edad Media. No obstante, el pequeño Estado Vaticano actual se remonta al *Patrimonium Petri*, núcleo de la jurisdicción papal antes del uso del documento falsificado en nombre del primer Emperador cristiano del Imperio romano.

Hungría

¿Descendientes de los hunos?

Al pueblo de los húngaros, o magiares, le corresponde un rol especial en Europa. Éstos se instalaron en su tierra en el año 900 d.C., casi al final del largo período de las migraciones y más tarde que los otros pueblos europeos, y su lengua es un caso excepcional. En el siglo X, los húngaros conmocionaron seriamente a sus vecinos: a lo largo de la frontera sudeste del reino de los francos, en la Gran Moravia, al norte de Italia e incluso en el Imperio bizantino, las tropas de caballería magiares aterrorizaron unas cincuenta veces a sus gentes. Las crónicas europeas de esta época describen con tonos chillones la crueldad con que estos paganos y bárbaros atacaban al pacífico mundo cristiano, y lo poco que podían enfrentárseles militarmente los agredidos. Las tropas de caballería húngaras eran extremadamente ágiles e iban armadas con arcos y sables, mientras que los caballeros cristianos, con sus pesadas armaduras, no podían seguirles el ritmo. Sólo con la batalla de Lechfeld, en las afueras de Augsburgo, el rey Otón, posteriormente conocido como el emperador Otón el Grande, puso final a los horrores bárbaros. En las décadas siguientes, los húngaros llegaron a un acuerdo con sus vecinos, dieron paso a los misioneros y, finalmente, se convirtieron al cristianismo bajo el reinado de Esteban I. De esta manera, las «estirpes nómadas de las estepas asiáticas», a quienes los historiadores del siglo X habían calificado como el «azote de Europa», habían llegado al Occidente cristiano.

En Hungría, la conciencia de tener unos orígenes distintos a los del resto de los pueblos europeos sigue estando muy arraigada y contribuye, junto con su singular lenguaje, a un cierto aislamiento. Este supuesto rol particular ha desencadenado de forma constante la búsqueda de esos orígenes; la búsqueda tanto de un árbol genealógico como de una señal de su llegada a Europa, pues así como los otros pueblos, los húngaros también trataron de rastrear, por caminos más o menos novelescos, un origen lo más glorioso y lejano posible que se remontase, a poder ser, hasta el Antiguo Testamento.

Actualmente, los húngaros siguen siendo vistos como descendientes de los hunos. En la Edad Media, los cronistas bizantinos y de Europa occidental los describían como un pueblo nómada y ecuestre descendiente de los escitas o los hunos; una clasificación que los cronistas húngaros adoptaron posteriormente. De ahí que Atila, líder de los hunos, fuera tenido como antepasado de los húngaros, sobre todo porque gobernó, siglos antes de los Árpád, en el territorio que posteriormente sería Hungría y no dejó descansar a Occidente con sus expediciones militares. Por eso muchos húngaros siguen bautizando a sus hijos con el nombre de Atila.

El líder huno del siglo V sigue siendo reclamado como héroe nacional de los húngaros, y este origen les sigue sirviendo como argumento oportuno en algunas disputas políticas. Incluso el fundador de la dinastía de los Árpád, el Gran Duque Árpád, se refirió al parentesco con Atila al reclamar para sí la tierra y su pueblo. No obstante, dicho parentesco no existía en absoluto.

En primer lugar, los húngaros no eran un pueblo realmente nómada, pues practicaban la agricultura. Antes de su cristianización por intermedio de San Esteban, quien fuera coronado como primer Rey húngaro en el año 1001, llevaban una suerte de existencia mixta entre las poblaciones campesinas de Europa y los pueblos nómadas de Asia. Además, al igual que los otros pueblos europeos, los húngaros no eran un pueblo puramente ecuestre; las tropas de caballería que invadieron Europa en el siglo X fueron conformadas a partir de la clase guerrera y apoyadas por los llamados pueblos auxiliares que participaban en las invasiones.

La falsa interpretación del origen escita, es decir, de nómadas asiáticos, fue difundida por los historiadores del siglo X que se encontraban bajo el efecto de las atemorizantes tropas de caballería que asolaban los pueblos y masacraban a sus habitantes. Los escritores «identificaron» estas «hordas bárbaras» a veces con los escitas, otras con los hunos y otras con los ávaros, hasta que se impuso el nombre «húngaro». En el siglo XIII, los cronistas húngaros adoptaron esta interpretación, y desde entonces la hipótesis de este origen se consideró como un hecho. Sin embargo, los análisis minuciosos de textos históricos húngaros y del Medioevo occidental han evidenciado que los húngaros, en lo referente a su presunto origen huno, recurrieron al «conocimiento» de sus colegas al oeste del Danubio. En todo caso, el esfuerzo hecho para aclarar esta pregunta nos da la medida de cuán delicado sigue siendo el tema hasta la actualidad.

La Edad Media cristiana se esforzó por rastrear el origen de sus gobernantes hasta lo más lejos posible, es decir, el Antiguo Testamento. Al igual que otros genealogistas, los cronistas húngaros posteriores a la cristianización establecieron a uno de los hijos de Noé como uno de los fundadores de su estirpe, a la que se remontan todos los pueblos de la humanidad después del Diluvio según el Antiguo Testamento. La crónica húngara *Gesta Hungarorum* describe, hacia el año 1200, esta rama genealógica en la que puede rastrearse a Atila. Según esta *Gesta*, los escitas del norte, quienes a su vez eran considerados como antepasados de los hunos, los godos y los mongoles, descendían de Jafet, hijo de Noé, y específicamente de su hijo Magog.

La afirmación de que los húngaros descienden de los hunos aparece por primera vez hacia el año 1280. El cronista húngaro Simon de Kézai declara que los hunos habían conquistado Hungría dos veces: primero con Atila y luego con Árpád, fundador de la dinastía de los Árpád, la cual gobernó en Hungría desde finales del siglo IX hasta 1302. Así, Atila fue considerado antecesor de Árpád y, por tanto, de los húngaros.

La *Gesta Hungarorum* de Kézai se convirtió en la base de la conciencia histórica de los húngaros. Los historiadores adoptaron esta teoría del origen hasta finales del siglo XIX y sólo muy pocos la cuestionaron posteriormente. Los lingüistas, sin embargo, respaldaban a sus colegas investigadores con el argumento de que la lengua turca de los hunos se diferencia fundamentalmente de la ugrofinesa de los húngaros, lo que contradice la tesis del parentesco étnico.

En todo caso, la leyenda de los hunos como antepasados de los húngaros reaparece no sólo en las tradiciones populares sino también en algunos textos científicos. Atila no fue únicamente una legitimación aceptable para los Árpád, todavía sigue siendo un querido antepasado del que cuesta trabajo despedirse.

La Edad Media

¿Una época oscura?

$\mathcal{A}$ pesar del vivo interés de que disfruta la historia y, especialmente, la Edad Media, la época entre el 500 y 1500 d.C. —para utilizar una periodización aproximada— es considerada como una época oscura. He ahí el puño frío de la Iglesia despiadada que pende, con su austeridad frígida, sobre todas las almas. He ahí la miseria de las masas, que deben vivir literalmente en la inmundicia y a quienes se les concede únicamente una vida breve y triste. En el colegio nos hablan del terror de los señoríos feudales que subyugan cruelmente al individuo. Se nos habla del miedo constante de la gente: ante el diablo o la Iglesia, ante los peligros de los bosques impenetrables o ante la ira divina que se manifiesta en forma de borrasca o tempestad. No había razón ni conocimiento que pudiera ahorrarles este miedo fundamental a los humildes, puesto que todo lo que los rodeaba parecía inexplicable. He ahí las hogueras y la peste, las crucifixiones, las persecuciones a los judíos y..., y..., y... La lista podría prolongarse indefinidamente. Incluso Goethe describió alguna vez este período como un «triste vacío» y Voltaire se refirió a «esta época triste». En pocas palabras: ningún hombre moderno podría afirmar en serio que preferiría haber vivido en la Edad Media. Pero, ¿no se es injusto con el Medioevo al reducirlo a algo sombrío, extraño, ridículamente anticuado e inmaduro?

El mero término «Edad Media» tiene algo de peyorativo en sí, pues designa un período entre dos épocas, la antigua y la moderna, como si se tratara del mal indispensable de una transición y no de una época independiente. ¡Y ese período supuestamente intermedio abarca casi un milenio!

El término proviene de la época del humanismo y alude en primer lugar a la lengua y la literatura, es decir, a un período entre la producción cultural de la Antigüedad clásica y la del presente de ese entonces. El humanista Petrarca utilizó la metáfora de la luz y la oscuridad, del brillo de la cultura antigua y las tinieblas de la consecuente decadencia milenaria; y los historiadores se han referido a la Edad Media como período histórico desde la segunda mitad del siglo XVII. Lo debatido del término y la delimitación de esta época evidencia la dificultad de su periodización: como final de la Edad Media se establece —con su respectiva justificación— a veces el Renacimiento o el descubrimiento de América; otras, la imprenta de Gutenberg o la Reforma; y otras, incluso, la Revolución Francesa.

Sin embargo, la polémica radica más en la mirada arrogante hacia la época que en la clasificación denigrante de período intermedio. Hasta la actualidad, el Medioevo se ha considerado como una especie de punto de referencia negativo para afirmar la propia capacidad de progreso. Esto empezó con el Renacimiento, que quería emparentarse con la grandeza de la Antigüedad y, al mismo tiempo, desacreditar a la época que le siguió inmediatamente a ésta, tanto cultural y religiosa como políticamente. Luego llegó la oposición de la Ilustración frente a la Iglesia, aunque ésta hubiese marcado a Europa durante siglos. La Ilustración, que adoptó de los humanistas la clasificación del Medioevo como época sombría, se propuso devolverle la luz a la humanidad después los siglos oscuros, así como iluminar su espíritu por medio de la razón, el respeto al individuo, el fin de la determinación ajena, etc. Asimismo, tras las tinieblas condenables del Medioevo católico, la Reforma anunció su parentesco con la Iglesia primitiva de la Antigüedad y la devolución de la luz brillante a los creyentes con Lutero.

Este polémico esquema sigue funcionando hasta la actualidad, y el adjetivo «medieval» suele utilizarse para describir situaciones que parecen inhumanas, atrasadas, anticuadas, inaceptables o ridículas. Pero con todas las objeciones fundadas que puedan hacérsele a la Edad Media, la moderna no es precisamente la más competente para juzgar épocas pasadas. A fin de cuentas, el siglo XX es considerado indiscutiblemente como el más inhumano; y, en términos de crueldad, hace tiempo que la modernidad superó con creces a la Edad Media: la esclavitud moderna aventaja fácilmente al señorío feudal —a diferencia del comercio esclavista de la antigüedad y la modernidad, en la Edad Media no se vendían siervos—; así como la guerra de los modernos, con toda su armazón tecnológica, aventaja a los enfrentamientos militares medievales.

Hace doscientos años, el rechazo vanidoso hacia la Edad Media se alimentó de la fe en el progreso y en la certeza falaz de estar avanzando a toda velocidad hacia un futuro luminoso. Pero esto no se cumplió, y el dictamen adoptado desde la perspectiva de una modernidad que se ha vaciado en muchos sentidos y ha de combatir serios problemas habría de resultar muy distinto. Sin embargo, seguimos juzgando desde la comodidad de nuestra vida moderna, con coches y seguro médico, electricidad y ordenadores, viajes y televisión. La Edad Media no tenía nada parecido qué ofrecer, y vista desde esa perspectiva bien puede clasificarse como una época atrasada. Pero, al mismo tiempo, olvidamos que las bases de nuestro presente se apoyan, especialmente, en la Edad Media, y que aquel milenio implicó una época vital con muchas facetas y adelantos. Después de todo, fue en esa época cuando Europa se hizo cultivable y se inventó el arado, cuando se construyeron las primeras universidades y se creó una figura estatal duradera como Francia. Al Medioevo le debemos nuestro calendario y los números arábigos, grandiosas catedrales y ciudades prósperas, e Inglaterra le debe los derechos de la *Magna Charta Libertatum*. Asimismo, muchas ideas sobre la Edad Media son simplemente falsas: los hombres no sólo no vivían hasta poco después de los treinta años sino que llegaban a los ochenta; la estadística engaña debido a que la muerte infantil era muy alta. Por otra parte, el feudalismo no fue un fenómeno puramente medieval. Y la cacería de brujas desplegó sus horrores sólo en la modernidad. Igualmente falsa es la popular idea de que el hombre medieval vegetaba indiferentemente entre la masa y no se veía a sí mismo como individuo, pues las bases de la autopercepción individual, que tanto valoramos ahora, se encuentran precisamente en la Edad Media. Ni siquiera la idea de libertad es una conquista de la modernidad. De modo que el Medioevo fue tan poco sesgadamente ingenuo como nuestra época es exclusivamente racional.

En cuanto al calificativo de «atrasado», ésa es una etiqueta que le ponemos incluso a la época de nuestros abuelos. Con lo cual olvidamos que, en nuestro afán de éxito, cada vez nos faltan más cosas que sí tenían nuestros abuelos o, incluso, que se poseían en la Edad Media: por ejemplo, un canon de valores que proteja y otorgue identidad, o la seguridad de un núcleo social o familiar. Quien aprecie la conquista de la libertad también lamentará que ésta haya caído en la retaguardia de una sociedad entregada al consumo y a los medios. Y, por más incomprensible que pueda parecernos la orientación al más allá de un Medioevo tan religioso, llevamos un buen tiempo experimentando las problemáticas consecuencias de una sociedad orientada exclusivamente al más acá.

Cada época tiene sus luces y sus sombras, sus méritos y sus fallos. Y la Edad Media también tiene mucha luz y claridad que ofrecer, también sale de las tinieblas cuando dejamos a un lado los lentes teñidos de oscuro de la modernidad. En todo caso, la época transcurrida entre el 500 y 1500 d.C. no merece ser difamada al calificarla de excepcionalmente sombría y al verla como encarnación de un atraso ridículo y desesperado.

Abelardo y Eloísa

¿Cartas apasionadas desde el convento?

*L*a historia de amor de Eloísa y Abelardo es la más conocida de la Edad Media europea, incluso fuera del círculo de los aficionados a esta época. Los dos se conocieron hacia 1116-1117 cuando Fulberto, el tío de Eloísa, canónigo de la catedral de Notre-Dame de París y encargado de la educación de su sobrina, contrató a Abelardo como su maestro. Para entonces, este hombre de los alrededores de Nantes, de casi cuarenta años, era ya una autoridad intelectual. Una mente inquieta que concentraba su curiosidad crónica en la búsqueda de la verdad, lo que le procuró no sólo amigos entre las filas de los rigurosos eclesiásticos, además de que no tenía precisamente fama de puritano. Abelardo es considerado como uno de los fundadores del método escolástico, con el que pretendía acercar la razón a la teología; en su autobiografía, escribió que había querido hacer accesible el fundamento de la fe por medio de la razón humana. Cuando el escolástico francés se convirtió en su profesor, Eloísa, de apenas dieciséis o diecisiete años, era una estudiante dócil con un talento excepcional.

Sin embargo, la relación no se mantuvo en el plano maestro-alumna. Abelardo se enamoró de la joven y los dos comenzaron una relación, tuvieron un hijo e incluso se casaron. Pero la dicha duró sólo un par de años: por motivos no muy comprensibles, el tío de Eloísa se escandalizó con la relación y ordenó castrar a Abelardo. Posteriormente, y tras un juicio, los agresores de Abelardo fueron castrados y cegados, y el mismo

Fulberto perdió todas sus propiedades. Pero esto no reparó el cruel hecho, y al parecer el tío se rehabilitó a una velocidad sorprendente. Los amantes se separaron y se fueron a distintos conventos: ella, a Argenteuil; él, a Saint-Denis, cerca de París. Abelardo siguió enseñando en París, y sus clases le acarrearon posteriormente un juicio por herejía. Entonces se retiró a Cluny y murió en 1142, a los 63 años, durante un viaje a Roma. Eloísa se hizo abadesa de Argenteuil, donde destacó por su excelente educación y la severidad de sus principios morales, y vivió casi veinte años más que Abelardo. Desde el traslado de sus tumbas, hace casi doscientos años, los restos mortales de la pareja descansan juntos en el famoso cementerio parisiense de Père Lachaise.

A pesar de su separación, Eloísa y Abelardo siguieron en contacto, lo cual quedó documentado en el fruto más famoso de su unión: una colección de ocho cartas que intercambiaron durante diecisiete años después de separarse. Otro documento importante acerca de esta relación amorosa es la *Historia calamitatum*, con la que Abelardo quería consolar a un amigo al contarle las calamidades, mucho peores, que había padecido él mismo. Se presume que este texto es de 1133 y 1134, y entre los golpes del destino que en él se relatan se encuentra también su desafortunada relación con Eloísa, de modo que este texto puede ofrecer otros detalles de la famosa historia.

De ser auténticos, estos manuscritos serían más que inusitados para el siglo XII, pues aventajan a los testimonios de esa época. El hombre de la Edad Media no contaba con una autopercepción como individuo tal y como hoy presuponemos, y esta parejita se adelanta a su tiempo en ese sentido. Dado que en estos manuscritos de la Alta Edad Media se distingue algo insólito, Eloísa fue calificada incluso de «primera mujer moderna». Pero más allá de esto, las cartas desvelan, con sus declaraciones de pasión y de sentimientos, las entrañas de ese amor tan triste y cruelmente frustrado mientras que los demás datos documentados ofrecen sólo una osamenta exigua del mismo. De especial interés resultan ciertos pasajes de las cartas en los que Eloísa lucha apasionadamente contra el matrimonio y pugna por el amor libre: preferiría ser amante que esposa. Puesto que la Edad Media, con su régimen austero, ha sido considerada extremadamente casta, tales declaraciones, de la pluma de una abadesa, deben de haber llamado la atención. Por otra parte, esto convertiría a Eloísa en la primera mujer de la historia en preferir abiertamente una relación amorosa libre en vez del matrimonio. Eloísa asegura, además, haberse ido al convento por orden de su marido Abelardo y no por convicción religiosa, lo que habría sido más que escandaloso para su tiempo. Y una vez entre los muros del convento, Eloísa no vuelve a desprenderse de su amor ni del recuerdo de los momentos libidinosos: «Debería suspirar por los pecados cometidos y sólo puedo suspirar porque se han ido». El intercambio epistolar se convierte en una discusión en la que Abelardo intenta animarla, como si temiera por la salvación del alma de su amada.

Estas cartas inspiraron a muchos escritores a reelaborar el material literariamente, empezando con el famoso *Roman de la Rose* de finales del siglo XIII, pasando por François Villon y Jean Jacques Rousseau hasta Bertolt Brecht y Luise Rinser. En las décadas recientes, cuando la vida de los personajes medievales se convirtió en una de las lecturas favoritas, la historia de Eloísa y Abelardo se ubicó entre las más destacadas. ¿Acaso no es éste el ejemplo más convincente de cómo la inhumanidad de la Edad Media, con sus rígidos preceptos morales y sus castigos despiadados, destruyó un amor puro?

Sin embargo, los historiadores siguen cuestionando la autenticidad de las ocho cartas y de la *Historia calamitatum* de Abelardo, aunque de forma menos apasionada que a la Eloísa de las cartas. En todo caso, el dictamen moderno sobre la Edad Media depende en buena parte de la autenticidad de estas cartas, ya sea para la historia de las mujeres o para la historia intelectual de la Edad Media. Abelardo es un testigo principal, según los medievalistas, de cómo la modernidad empezó a prepararse en la comúnmente demonizada Edad Media. Por ende, la unicidad de las cartas es lo que las hace cuestionables. ¿Se trata de una valiosa particularidad que complementa el cuadro de la época o es precisamente eso lo que las hace poco creíbles? El problema de la autenticidad empieza con el hecho de que no se conserva ningún original de las cartas, solamente copias. Éstas se encuentran en diversos manuscritos que fueron compilados, por lo menos, ciento cincuenta años más tarde. Los originales se perdieron... o no existieron nunca.

Otros historiadores descartan que pudiera hacerse una falsificación tan informada como extensa y sospechan que en cierto momento, tras la muerte de Abelardo, alguien hurgó entre sus borradores, que posteriormente se perdieron. Eso explicaría las incongruencias que no pueden explicarse en las compilaciones iniciales.

De todos modos, algo ha podido aclararse con el tiempo. Incluso si las cartas son auténticas, no se trata de una verdadera correspondencia, pues los análisis minuciosos evidencian que todas las cartas deben atribuirse, sin la menor duda, a un sólo autor. Por otro lado, no datan de principios del siglo XII. ¿Se trata entonces de copias de cartas originales que se perdieron? Muchos investigadores descartan la autoría de Abelardo debido a la cantidad de incongruencias: hay muchos datos que no se corresponden con el supuesto momento de creación, y es de suponer que Abelardo no habría cometido errores en lo referente a su biografía. Por esta razón, el historiador belga Hubert Silvestre clasificó las cartas como una falsificación posterior. Y ofreció una explicación coherente de cómo se llegó a esta falsificación: podría formar parte de una campaña contra el mandamiento de castidad de los clérigos. En la Edad Media se debatía constantemente la cuestión del celibato y el mandamiento de castidad de los curas, preceptos frente a los cuales la Iglesia romana no ha conseguido relajarse, a diferencia de los ortodoxos y los protestantes. Una campaña del estilo exigía el celibato de los curas pero les permitía tener relaciones sexuales, y la defensa de Eloísa en favor del amor libre y en contra del matrimonio, que sólo les acarreó desdichas a ella y a Abelardo, encaja perfectamente en este contexto. Hay otros indicios que no hacen demostrable esta tesis, pero sí muy probable. La autoría de los textos habría de buscarse en el círculo del autor de la famosa *Roman de la Rose*, o en este mismo: Jean de Meun.

El hecho de que esta explicación del origen de las famosas cartas siga teniendo detractores y el hecho de que muchos insistan en su autenticidad también podría tener que ver con la fascinación que producen tanto las cartas como esta extraordinaria historia de amor. La pareja de Abelardo y Eloísa es tan admirada, tanto entre los especialistas como entre los aficionados, que uno no quiere despedirse de ella. No obstante, despedirse de la autenticidad de las cartas no invalida la emocionante historia de amor de la famosa pareja, sino que la ubica en el lugar correcto dentro de la historia de la Edad Media.

Leonor de Aquitania

¿La prostituta más grande de la Edad Media?

*U*na historia de vida tan deslumbrante como la de Leonor de Aquitania (*ca.* 1122-1204) no parece en absoluto compatible con la puritana Edad Media. Fue heredera del ducado de Aquitania, reina consorte de Francia y partícipe, junto con su marido Luis VII, de la segunda cruzada a Tierra Santa, donde fue amante de su tío Raimundo de Poitiers, príncipe de Antioquía, y del sultán Saladino. Tras anular el matrimonio con Luis VII se casó con Enrique Plantagenet, que era mucho menor que ella y con cuyo tío tenía una relación. Mató a sangre fría a la amante de su marido, la bella Rosamunda, envenenándola. Su matrimonio con Enrique la convirtió en reina consorte de Inglaterra, madre del rey inglés Ricardo Corazón de León y de Juan Sin Tierra, a quienes incitó a rebelarse contra su padre por envidia y ansia de poder. Incluso después de su muerte, y por medio de las cada vez más complicadas pretensiones entre la Corona inglesa y la francesa, Leonor fue considerada agitadora de la relación franco-inglesa y corresponsable de la guerra de los Cien Años. Unas décadas después de su muerte, el dominico francés Hélinand sentenció en su crónica mundial que Leonor no se comportó como una reina sino como una prostituta. Muchas crónicas condenaron su adúltera vida amorosa, que no excluía ni a los paganos, y su carácter perverso, incluso demoníaco. Pero la historiografía cambió: el siglo XIX la enalteció como una típica francesa del Mediodía, voluptuosa, apasionada y afectuosa, y actualmente es considerada por muchos como una mujer segura de sí misma y emancipada que siguió su camino imperturbablemente y en contra de todas las presiones de la época. En la película *The Lion in Winter*, Katherine Hepburn interpretó con total convicción esta imagen de Leonor de Aquitania. Entonces ¿cuál de las dos fue?

Aquitania era conocida como territorio fértil desde la era romana. La fructífera «tierra del agua» vivía principalmente del comercio de la sal y del vino. En la época de mayor expansión, bajo el gobierno del abuelo de Leonor, el ducado se extendía desde el Loira hasta los Pirineos y era famoso por sus trovadores, quienes entretenían a los cortesanos con sus canciones de amor cortés. El padre de Leonor, Guillermo X, enfrentó problemas de sucesión tras la muerte temprana de su hijo. De modo que para asegurar la permanencia de la familia en el poder, le confió su hija mayor, Leonor, al Rey de Francia, quien la destinó como esposa de su hijo mayor. En el verano de 1137, en Burdeos, tuvo lugar el suntuoso matrimonio de la chica de dieciséis años con Luis. Acto seguido, Leonor fue coronada como reina consorte de Francia y, dos semanas después, duquesa de Aquitania. En el desarrollo de estos acontecimientos, Leonor no fue más que la pelota pasiva de los juegos dinásticos, políticos y eclesiásticos, y tampoco jugó un papel políticamente importante en su calidad de reina de Francia.

Por aquel entonces, la Casa Real francesa poseía sólo el dominio nominal de toda Francia, pues su poder no se extendía realmente más allá de la Île-de-France, la zona interior alrededor de París, razón por la cual Luis VII, al igual que sus antecesores, intentó consolidar su poder y estrechar los lazos de la Casa Real con la gran e importante Aquitania. Para asegurar el poder se necesitaba, por supuesto, un sucesor. Pero Luis y Leonor tuvieron dos hijas, que no entraban en consideración en lo referente a la sucesión al trono.

En las navidades de 1145, Luis anunció su participación en la segunda cruzada para detener el avance de las tropas musulmanas en Tierra Santa. Leonor decidió unírsele, probablemente porque esta cruzada también competía a su tío Raimundo, su pariente más cercano y soberano del principado cristiano de

Antioquía. Es posible que en ese momento el matrimonio ya tuviera problemas, y en vista de los celos de Luis y la renuncia de éste a ayudar militarmente a Raimundo, los rumores acerca de una cercanía inadmisible entre tío y sobrina cayeron en terreno fértil. Allí nació, justificada o injustificadamente, la imagen de Leonor como esposa infiel, de la que no podría librarse nunca más. Luis la obligó a continuar con él hasta Jerusalén en vez de ayudar a Raimundo, quien caería en la lucha contra los musulmanes al año siguiente. La disyuntiva entre la cruzada religiosa o la ayuda familiar descompuso definitivamente la relación de los reyes, y Leonor solicitó la anulación del matrimonio alegando que ella y Luis estaban demasiado emparentados. Se dice que también alegó que su marido era más monje que hombre.

El matrimonio de Luis y Leonor fue declarado inválido en 1152. Aunque había vuelto a perder la zona de Aquitania, el Rey podía buscarse una nueva esposa que le diese el tan deseado sucesor. Entretanto, Leonor había conocido a Godofredo de Anjou, duque de Normandía, así como a su hijo Enrique, y los rumores nacidos en la cruzada continuaron con las declaraciones de algunas crónicas, según las cuales Leonor habría cometido adulterio tanto con el uno como con el otro antes del divorcio. Pero, al parecer, ella había decidido volver a casarse hacía tiempo. En 1152, a los treinta años, Leonor se convirtió en la esposa de Enrique Plantagenet, que tenía diecinueve años y era conde de Anjou, Maine y Tourraine, así como duque de Normandía. Es posible que hubiese amor de por medio, pero lo cierto es que Leonor se buscó un marido que descendiera de una dinastía poderosa y le permitiera defender su preciada Aquitania ante el Rey de Francia.

Luis no aprobó el segundo matrimonio de su ex esposa, mientras que Leonor no tardó en dar a luz al heredero de su ducado. Su nuevo marido no sólo era un francés poderoso sino también el hijo de una princesa de Inglaterra y una emperatriz viuda que le había cedido su derecho al trono inglés. Después de casarse con Leonor, Enrique marchó a Inglaterra y consiguió, tras varios éxitos militares, que el Rey inglés reconociera su derecho de sucesión, la cual se efectuó al año siguiente. A partir de entonces, Leonor era no sólo duquesa de Aquitania y Normandía y condesa de Anjou, sino, además, Reina de Inglaterra; una carrera inaudita que los propagandistas franceses durante la guerra de los Cien Años interpretarían como traición a la patria.

Sin embargo, sus posibilidades de influir políticamente, al menos en Inglaterra, también eran reducidas, y la felicidad matrimonial tampoco duró mucho. No obstante, Leonor y Enrique tuvieron ocho hijos en total, de los cuales muchos se convirtieron posteriormente en reyes. En 1173, los hijos se pelearon con el padre por problemas de la herencia. Para disgusto de los cronistas ingleses, en este caso, Leonor tomó partido por sus hijos y en contra del rey, lo cual le acarreó el encarcelamiento que habría de durar más de un decenio.

Como era costumbre, Enrique tenía varias amantes, entre las cuales se destacaba la bella Rosamunda, cuya muerte los cronistas relacionaron con el arresto domiciliario de Leonor. La concubina fue asesinada de las formas más variadas: según unos, envenenada; según otros, por intermedio de una bruja que le puso sapos venenosos encima del pecho, y según otros, ahogada en una tina. Pero estos cuentos también son puros inventos y maledicencias.

En 1189, coronado Rey de Inglaterra a la muerte de Enrique, Ricardo Corazón de León procuró a su madre una influencia considerable sobre el reino. La relación de Ricardo con su hermano Juan siguió siendo difícil, y cuando el Rey cayó preso camino a Tierra Santa, Juan vio posible que, por fin, su deseo se realizara: obtener la Corona inglesa. Pero Leonor removió cielo y tierra para reunir el dinero para el rescate de Ricardo hasta que consiguió liberarlo y devolverlo a Inglaterra. Después de que éste muriera sin dejar descendencia, Leonor volvió a concentrar todas sus fuerzas en asegurarle la corona a su hijo menor. A pesar del caos político y de la guerra por el poder entre sus hijos, Leonor ejerció su influencia hasta una edad avanzada.

La extraordinaria biografía de esta mujer sedujo a los cronistas incluso en vida. Se tejieron numerosas leyendas, en las cuales se ofrecían imágenes de ella que iban desde la voluptuosa y frívola «reina de los trovadores» hasta la prostituta deshonrada que se involucra incluso con un pagano; desde la envenenadora celosa hasta la madre obsesionada por el poder que lleva a sus hijos a la guerra. Pero, desde un punto de vista neutral, su vida resulta mucho menos extrema: Leonor de Aquitania fue una mujer fuerte y valiente que quiso resistir bajo las circunstancias políticas de su tiempo. Tuvo siempre en primer plano la salvaguardia de los intereses de su patria, Aquitania, e inmediatamente después, en su lista de prioridades, se encontraban el bienestar de sus hijos y su herencia. Sus dos maridos manejaron su orgulloso ducado como un campo de maniobras territoriales y ambos matrimonios fracasaron por esa razón y no por una pasión pronunciada y reprochable, como le imputaron después de su muerte los cronistas (masculinos), que veían todo lo femenino como peligroso y pecaminoso. Leonor de Aquitania comparte la suerte de muchas mujeres que intervinieron en una política dominada —y documentada— por hombres. La sombra de la adúltera despiadada empañó su imagen durante siglos, y su presunta traición a los intereses franceses o su desobediencia ante el Rey de Inglaterra fueron puestas de relieve con distintos énfasis.

La batalla de Liegnitz

¿Victoria o derrota?

*L*a derrota del ejército turco tras el sitio de Viena en 1683 ocupa un lugar importante en la historia de Europa, tanto como defensa de Occidente y de su tradición cristiana como afianzamiento de una existencia independiente frente al dominio extranjero y la incursión islamista. Durante siglos se atribuyó una importancia similar a la hoy poco conocida batalla de Liegnitz, de 1241. A principios del siglo XIII, los mongoles habían empezado a conquistar el mundo conocido y a subyugar a sus gobernantes. Pero no avanzaron más allá del occidente de Silesia, aun cuando, después de la batalla de Liegnitz, sometieran a Hungría y afligieran a sus habitantes con un terror brutal durante un tiempo. Por tanto, ¿no es lógico reconocer el papel decisivo de esta batalla en la defensa de Occidente contra los crueles bárbaros?

La escasez de fuentes, ya que ningún cronista de la época legó detalles confiables, favoreció la glorificación de la batalla. Sólo doscientos años después, el historiador polaco Jan Długosz la describió detalladamente en sus anales, pero ese relato tampoco se considera fidedigno. Aun así, es posible reconstruir, hasta cierto punto, las circunstancias. A principios de 1241 llegó a Polonia y al ducado de Silesia la noticia espantosa de que, desde Oriente se acercaban, bajo el mando de Batu Khan (nieto del Gengis Khan), los ejércitos mongoles de caballería que ya habían conquistado Moscú y Kiev y que, poco después, saquearían Cracovia. La tropa principal había avanzado hacia Hungría, mientras que una más pequeña pero igualmente poderosa tenía a Silesia puesta en la mira. Enrique II, duque de Silesia, llevó a su ejército al encuentro de los temidos mongoles en Wahlstatt, cerca de Liegnitz. Los invasores avanzaban tan deprisa que las tropas auxiliares de Bohemia no alcanzaron a llegar a tiempo. Enrique entregó su vida en una lucha heroica, pero su ejército cayó lastimosamente. Los tártaros obtuvieron la victoria militar sin esfuerzo, pues Enrique y sus hombres se encontraban en una desesperada minoría. Las bajas fueron inmensas (se habla de unos treinta mil muertos).

Sin embargo, el hecho de que las «hordas asiáticas» se alejaran en vez de seguir el camino libre hacia Occidente se convirtió en el argumento clave del pretendido triunfo del cristianismo en esta contienda. Poco después de la derrota, Enrique fue venerado como mártir cristiano, y el siglo XVI mitificó la batalla de Liegnitz como victoria decisiva sobre los paganos. El hecho de que los soldados cristianos hubieran sido derrotados perdió importancia, pues parecían haber impresionado de tal forma a los mongoles que éstos se habían retirado tras la batalla. Desde entonces, en las crónicas familiares de los nobles de Silesia y Polonia era un gran honor tener antepasados que hubieran participado en la famosa contienda. La batalla se convertiría entonces en tema de la propaganda de cada época, ya fuera en discusiones religiosas o en la historiografía de creciente tendencia nacionalista de finales del siglo XVIII. La cuestión principal seguía siendo la presunta victoria del Occidente cristiano frente a la amenaza de los mongoles, pero tanto los bohemios como los polacos, los húngaros y los alemanes empezaron a reclamar el mérito para sí, despreciando la participación de los otros. El aprovechamiento propagandista llegó al punto máximo durante la Segunda Guerra Mundial, período que coincidió con el 700 aniversario de la batalla. Con más desfachatez que nunca, el rechazo de los mongoles se atribuyó a la grandeza alemana y se estableció una analogía entre la batalla de 1241 y la situación del *Reich* Alemán en 1941. Después de la guerra, la historiografía polaca definió a Enrique II como el polaco que expulsó a los mongoles con sus soldados polacos, y los historiadores de la República Federal Alemana tampoco se pronunciaron acerca de una coordinación de naciones: el héroe había sido el duque alemán de Silesia con su ejército alemán. Una vez más, la derrota se redujo a una nimiedad, pues lo importante era el «rechazo» de los mongoles.

No obstante, hace mucho que los hechos del mes de abril de 1241 pueden ordenarse imparcialmente: la salvación de Occidente no tuvo lugar en Wahlstatt, cerca de Liegnitz, donde luchó la menor parte del ejército mongol, y la retirada tampoco puede atribuirse a que las tropas —tanto alemanas como polacas— impresionaran profundamente a los mongoles. Desde un principio, la meta de la avanzada de los mongoles era Hungría, zona que Batu Khan pensaba tomar por asalto. El único motivo de la campaña hacia Silesia era cerrar a los húngaros las líneas de abastecimiento con los territorios aliados. Y funcionó, pues conquistaron Hungría. El hecho de que se retiraran de Europa al poco tiempo tiene dos explicaciones. Por un lado, las bajas eran grandes. Por otro, el general del ejército mongol se retiró a su tierra para ejercer influencia en la sucesión del Gran Khan, que había muerto durante ese tiempo. La consecuencia fue la ruptura de su tropa, la cual había posibilitado el avance inicial hacia Occidente. Desde entonces se necesitarían cuatro décadas para que las tropas de los mongoles reintentaran conquistar Hungría, pero el rey húngaro Béla IV había aprendido su lección y había armado su tierra exitosamente.

Hasta Johann Wolfgang von Goethe se mostró decepcionado frente a su interlocutor Eckermann, en 1825, ante la necesidad de reevaluar la batalla: «Yo había tenido siempre a estos valientes por los grandes salvadores de la Nación alemana. Pero ahora viene la crítica histórica y dice que aquellos héroes se sacrificaron inútilmente puesto que al ejército asiático se le había ordenado la retirada, y eso hizo. De este modo se ha reprimido y destruido un gran hecho patriótico, lo cual resulta repugnante».

San Antonio

¿Quién tiene las verdaderas reliquias?

*E*n la Europa cristiana del Medioevo, los santos cumplían una función mucho más sustancial que en la actualidad. Eso se debía, por un lado, a la importancia universal de la fe, pues los santos eran el consuelo personal y permanente de la mayoría de los humildes creyentes y un ejemplo espiritual e intelectual para los sabios de la Iglesia. Por otro lado, eran figuras de identificación tanto regional como nacional. Poseer sus reliquias aportaba no sólo prestigio a las iglesias y conventos, sino además ventajas económicas, pues las peregrinaciones constituían un ramo económico próspero en la época. En resumen: para una iglesia, un convento o una ciudad, era valiosísimo tener los restos mortales (idealmente completos) de un santo lo más importante posible.

Dada la importancia de las reliquias, que iba mucho más allá de lo religioso, no es de extrañar que las estafas estuvieran a la orden del día. Hasta entrado el siglo XIX, los timadores intentaron sacar dinero con unos presuntos restos de santos que, con frecuencia, contaban con unos seguros de autenticidad tan complicados como sospechosos.

Naturalmente, las reliquias eran también un elemento de poder. La tumba de Dionisio, el santo nacional francés más importante, mártir y primer obispo de París, le proporcionó gran relevancia política al convento de Saint-Denis, entonces ubicado a las puertas de París, en cuya abadía fueron enterrados los reyes de Francia durante siglos. Asimismo, tener parentesco con un santo importante significaba una ventaja política para los soberanos. Especialmente afortunadas se consideraban las casas reales como la húngara o la francesa, en cuyo árbol genealógico figuran santos dignos de atención.

Uno de éstos fue San Antonio, un monje ermitaño que murió a edad avanzada a mediados del siglo IV y cuyos restos mortales, según la ciudad francesa de Arles, yacen en ella, en su iglesia de Saint-Antoine (originalmente Saint-Julien).

Sin embargo, desde el siglo XI se consideró como un hecho que las reliquias de San Antonio descansaban en la iglesia conventual de Sant-Antoine de la abadía benedictina Saint-Pierre de Montmajour, ubicada no muy lejos de Grenoble, a unos diez kilómetros al norte de Arles. Entre 1131 y 1307, el féretro fue abierto tres veces en total para comprobar la existencia de las piernas del santo. A finales del siglo XI, cuando miles de personas visitaron esta tumba en romería ante una epidemia de ergotismo de causas inexplicables, las reliquias se convirtieron en un elemento económico importante: San Antonio era el santo al que correspondía el ergotismo, conocido también como «fuego de San Antón». Por tanto, la veneración a este santo tuvo tan buena acogida que se fundó una congregación que creció rápidamente y que alcanzó una gran prosperidad. Sin embargo, pronto empezaron las disputas entre estos hermanos antonianos y los benedictinos de Montmajour, disputas que culminaron con el ascenso de los antonianos a orden monástica por el papa Inocencio IV en 1247 y la expulsión de los benedictinos en 1292. Entonces se acordó el pago de las liquidaciones y se consumó la separación, pero ¿a quiénes pertenecían las lucrativas reliquias de San Antonio? La pregunta ardió lentamente, durante más de dos siglos y medio, mientras se discutía acerca de las reglas financieras y las compensaciones. Hasta que Roma decretó la disolución de facto de la abadía de los benedictinos, que quedó enteramente bajo las órdenes de los antonianos.

La ira y la sed de venganza de los ex benedictinos, que no querían aceptar la unificación forzosa con los antonianos, los llevaron a tomar medidas drásticas, por lo que difundieron el rumor de estar en posesión de los restos mortales de San Antonio. Las supuestas reliquias fueron trasladas a Arles para ponerlas a salvo de las tropas reales que defendían la causa de los antonianos. Por supuesto que los antiguos benedictinos no querían sólo venganza, sino hacerse con el lucrativo negocio de las reliquias y las peregrinaciones.

Pero la estafa no resultó especialmente exitosa. La Iglesia se opuso, y los benedictinos no le presentaron las pruebas de que efectivamente tenían las reliquias. Durante el transcurso del proceso llegaron incluso a aceptar que no tenían al verdadero Antonio. Su iglesia no tenía siquiera un altar digno del santo, por no hablar de una cripta o una capilla. La curia romana obligó a los ex benedictinos de Montmajour a abstenerse de cualquier actividad que tuviese que ver con el engaño: no podían venerar las reliquias falsas ni organizar viajes de peregrinos; quien incumpliese esta orden corría el riesgo de recibir la temida excomunión. Sin embargo, la intervención de Roma no impresionó especialmente a los benedictinos, quienes consiguieron, bajo amenaza de recurrir a la violencia, que otros expertos comprobaran la autenticidad de sus reliquias. Los antonianos, por su parte, abrieron al público la tumba de Antonio, que, efectivamente, seguía conteniendo sus restos mortales.

A finales del siglo XV, la pelea entre las dos órdenes llegó a su apogeo: los antonianos fueron apaleados por sus enemigos benedictinos en la abadía de Montmajour, y la región se estremeció por los serios disturbios.

De modo que el Papa tuvo que volver a intervenir: anuló la unión forzosa de los dos conventos y logró un equilibrio financiero que sepultó las disputas mundanas. Lo único que siguió igual fue lo relativo a la veneración de las reliquias, pues los benedictinos de Arles siguieron practicando sus procesiones, peregrinaciones y festividades santas. En el siglo XIX, la Iglesia permitió a la ciudad de Arles rendir homenaje a San Antonio, aunque no hay duda de que ahí no se conservan ninguna de sus reliquias.

Los historiadores, a su vez, no se han puesto de acuerdo en si alguna iglesia o una orden estuvo en posesión de las verdaderas reliquias alguna vez. Poco antes de su muerte, en algún lugar en la costa africana, el anciano santo había ordenado a sus acompañantes que no revelaran a nadie el lugar donde lo enterrarían. Y parece que los dos jóvenes monjes respetaron su deseo, pues los supuestos restos mortales de San Antonio aparecieron, como por milagro, doscientos años después.

Robin Hood

¿Existió realmente el ladrón bienhechor?

*D*esde hace siglos, el ladrón del bosque de Nottingham es un personaje tan famoso como apreciado. Hay obras de teatro y fábulas dedicadas a su historia, y los niños devoran con emoción los libros sobre sus aventuras. En nuestra época, las versiones cinematográficas han contribuido a su enorme popularidad, ya sea la del adorable zorro de la película de dibujos animados de Walt Disney de 1973, la del elegante Errol Flynn del clásico hollywoodense de 1938 o la del fuerte Kevin Costner en la versión de 1991. En todas ellas, Robin Hood es un héroe extremadamente positivo. La mayoría de las veces se lo representa no sólo como un valiente que lucha por los pobres, sino como un héroe nacional que lucha contra la opresión de los ingleses bajo la ocupación de los normandos de Francia. La actuación desinteresada del excelente arquero y anarquista parece tan políticamente correcta que hasta una organización ambientalista adoptó su nombre con una ligera modificación, y podía confiar en que todo el mundo vería claramente la relación.

Robin Hood: he ahí al hombre íntegro y piadoso, amante de la justicia y proscrito de la nobleza, el que socorre a un caballero endeudado, se enfrenta a la Iglesia y a la ley, y vive en el bosque con sus fieles acompañantes Little John y Friar Tuck. Robin, el que da a los pobres lo que les quita a los ricos, se convierte finalmente en el asesino del sheriff de Nottingham, un malvado rufián que no se merece otro destino. Indultado por el rey Ricardo Corazón de León, Robin va a dar a su palacio, donde no aguanta mucho tiempo. Entonces regresa a sus bosques, donde muere a traición, veinte años después. A pesar de su posición al margen de la sociedad, Robin Hood es el magnánimo por antonomasia: más piadoso que los hombres de la Iglesia, más honorable que los hombres de negocios, más justo que los defensores de la ley y más generoso que los ricos. Es el precursor de Jesse James y Billy the Kid, Bonnie & Clyde, Superman y el Hombre Araña.

Claro que no suponemos que Robin Hood haya existido tal como nos lo presentan las películas, la literatura juvenil y los cómics, pero que existió, existió. Pues hay un fondo verdadero en estas divertidas historias —la leyenda del *outlaw* caballeresco, la historia del intrépido que lucha por su patria—, que transmiten una imagen romántica de la Edad Media. ¿O no?

En efecto, la leyenda de Robin Hood se remonta a muchos siglos atrás. La primera mención es de 1377, y el primer texto de mediados del siglo XV. Tres cronistas escoceses de los siglos XV y XVI ubicaron al héroe del relato incluso históricamente: uno situó sus aventuras a finales del siglo XII; otro, a mediados del XIII, y otro, a finales.

Los juglares y narradores difundieron la leyenda y la completaron según el gusto o la necesidad. El hecho de ser, fundamentalmente, un relato oral hizo que la leyenda se desarrollara a través de las generaciones y se enriqueciera con otras narraciones, por lo cual es muy probable que no conozcamos todas las versiones. Por otro lado, en los relatos sobre la vida de Robin Hood es posible rastrear huellas de otras historias conocidas. Con la invención de la imprenta, el material se siguió divulgando en el papel y su contenido se fue haciendo más consistente.

Naturalmente, esa larga vida de leyendas ofreció abundantes oportunidades de ornamentación, y es en esa ornamentación donde empieza la labor de desmantelamiento del mito del orgulloso héroe al que tanto hemos querido desde nuestra infancia. En las primeras crónicas, Robin Hood es simplemente un personaje local y no un luchador por el honor de Inglaterra. Sólo en el siglo XVI aparece como noble, y sólo en 1800 se convierte en el héroe nacional de la lucha contra los normandos. Incluso la cualidad preferida de Robin Hood se añadió posteriormente: las primeras leyendas no mencionan nada acerca de un bienhechor que robe a los ricos para aliviar la miseria de los pobres. En ellas, el anarquista es presentado más bien como un luchador enardecido y sanguinario que asesina a sus contrincantes con más brutalidad de la necesaria: no sólo mata al sheriff sino que también lo decapita; a otro enemigo lo mata a palos para luego desollarlo y exhibir el cuerpo empalado. En todo caso, las leyendas tienden a glorificar la vida violenta de los marginados, que en la Edad Media buscaban protección en los bosques y solían convertirse en asesinos, y de la misma manera que se enaltece románticamente la vida peligrosa y dificultosa en los bosques medievales, los criminales terminan convirtiéndose en los héroes que nunca fueron.

Esto suena como una leyenda sin fundamento. Y es cierto que ningún cronista de la presunta época de Robin Hood compiló sus aventuras, aunque habrían sido lo bastante espectaculares como para quedar conservadas por escrito. En todo caso, no hay ningún registro de nadie que atestigüe haberlo conocido. Entonces, ¿será que no existió un verdadero Robin Hood, como suele afirmarse?

Sin embargo, en documentos antiguos aparece una variante del nombre de Robin Hood: un hombre se presentó ante el juzgado en 1261 y, un año después, obtuvo el apodo de Robehod, lo cual permite sospechar que el mencionado tenía una cierta reputación y que esa reputación estaba relacionada con un nombre determinado. El primer portador de un nombre parecido aparece en un documento de 1226 y se trata de un marginado llamado Robert Hod, posiblemente el hombre al que se remontan todas las leyendas. Por otro lado, este nombre aparecía con mucha frecuencia, aunque no precisamente con relación a un forajido que evoque a nuestro Robin Hood. En todo caso, en favor de la hipótesis de que este Robert Hod es el verdadero Robin Hood está el hecho de que en los documentos que lo mencionan se habla también de un hombre que

luego se convierte en sheriff de Nottingham; sorprendentemente, justo donde la leyenda habla de un tal sheriff como
enemigo mortal de Robin. Pero esto tampoco prueba nada.

Desde mediados del siglo XIX, un estudioso británico deste-
rró impasiblemente a Robin Hood al reino de las leyendas al
afirmar que el nombre era una forma modificada de «Robin of
the Wood», que se relacionaba con las fábulas y las supersticiones, las cuales, a su vez, eran asociadas con el bosque por los
hombres de aquella época. Pero el estudioso quedó debiendo la
prueba.

En todo caso, desde finales del siglo XIII, en las crónicas se
menciona ocasionalmente a «Robinhood» como epíteto o so-
brenombre; un claro indicio de que la leyenda ya era conocida
en ese entonces.

También hay que señalar lo que escribiera alguna vez
James C. Holt, el británico más erudito en el tema: la cuestión
de quién fue Robin Hood es mucho menos importante que la
persistencia de la leyenda, la cual se ha transformado una y
otra vez a lo largo de los siglos, amoldándose a las exigencias
de cada nueva época. Otro especialista advirtió que a cada
generación le toca el Robin Hood que se merece. Quizás una
pregunta más interesante sea: ¿en qué más puede convertirse
Robin Hood?

Sodoma y Gomorra

¿El proceso contra los templarios?

Con el éxito mundial de *El Código Da Vinci* de Dan Brown, los legendarios templarios regresaron de un modo impresionante a la conciencia pública. Aunque en realidad no habían pasado completamente al olvido, pues desde su extinción a principios del siglo XIV han seguido errando como fantasmas por el mundo de lo oculto, las teorías de la conspiración y lo inexplicable. Según el mito más popular, los templarios son los guardianes del Santo Grial, el cual encierra los últimos secretos del mundo. Esta leyenda empezó mientras aún existía la orden, a principios del siglo XII, con el *Perceval* de Wolfram von Eschenbach. Después de su supresión, se decía que algunos habían desaparecido para entregarse en secreto a su labor sagrada. Posteriormente los sucedieron los misteriosos masones, puesto que el Templo de Jerusalén también jugaba un papel muy importante en su tradición. A los templarios se les atribuyó esa simbología difícil de descifrar que poblaba las iglesias antiguas, cuya decodificación debía resolver el misterio del mundo, y su leyenda alcanzó su último apogeo con *El Código Da Vinci*, donde aparecen junto con los descendientes de Jesús y María Magdalena como guardianes del Santo Grial. Las otras órdenes de caballería medievales no gozan de una popularidad parecida, pero tampoco tuvieron un final tan repentino y atroz como el que estremeció al mundo en aquel entonces y que sigue generando todo tipo de especulaciones.

La orden de los templarios fue fundada en 1120 en Jerusalén para proteger a los peregrinos cristianos que, tras la conquista de Jerusalén en la primera cruzada, acudían en masa a visitar la ciudad sagrada. Durante el transcurso de las cruzadas, y a medida que se fueron fundando cada vez más principados cristianos en Tierra Santa, los templarios se hicieron cargo de su defensa junto con otras órdenes de caballería. La orden, que también participó en la reconquista de territorios islámicos en la península ibérica, dependía directamente del Papa; de modo que la sospechosa relación entre oración y batalla se apoyaba en la idea de la guerra justa y, por tanto, santa.

Los templarios alcanzaron reconocimiento rápidamente y fueron agasajados con abundantes propiedades en Europa. Además, se ocuparon tan exitosamente de la banca que los reyes de Francia e Inglaterra les confiaron sus tesoros. Los caballeros de la Orden del Temple eran considerados luchadores extremadamente valientes y disciplinados, así como temerarios y arrogantes, y vivían en competencia permanente con la otra gran orden de caballería, la de los hospitalarios de San Juan. Gracias a su habilidad para los negocios y sus privilegios, los templarios habían amasado riquezas que hacía tiempo se habían vuelto proverbiales, y los reyes de Francia confiaron en su eficacia tanto como en sus arcones al partir en la Cruzada a Tierra Santa. Se había creado la impresión justificada de que ya nada funcionaba sin los templarios, pero todo el mundo sabía que se habían envanecido y apartado de sus principios originales desde hacía tiempo. Podría decirse que, fuera de su mundo elitista, los templarios tenían un verdadero problema de imagen. Y cuando Tierra Santa volvió a caer en poder de los musulmanes, esto no resultó precisamente favorable para su prestigio.

El rey Felipe IV de Francia se convertiría en el sepulturero de la poderosa orden. En la madrugada del 13 de octubre de 1307, en una acción policial sin precedentes y magníficamente orquestada, Felipe IV mandó a encarcelar a los templarios que vivían en su reino y los acusó de herejía. Ellos se dejaron apresar casi sin oponer resistencia, y todas las posesiones de la orden quedaron confiscadas. El papa Clemente V, quien en realidad era el protector de la orden, imitó el ejemplo del Rey e hizo perseguir a los templarios por todo el Occidente cristiano; pero aunque lo que buscaba era llevarlos ante una corte papal, no consiguió imponerse al poderoso Felipe. Clemente había actuado con torpeza y había subestimado la determinación del Rey francés, a quien temía profundamente. A partir de entonces, la Corona francesa dirigió durante años un espectacular juicio público, al estilo de la Inquisición, contra los templarios. Los numerosos cargos iban desde el sacrilegio hasta la perversión sexual, la profanación de la cruz y la fornicación contranatura. La acusación de Felipe IV —que se autodesignó protector de la fe— declaró a los templarios lacra del cristianismo, ¡para cuya defensa habían sido fundados hacia unos ochenta años! Se les sacaron todo tipo de confesiones por medio de torturas, y el catálogo de sus prácticas heréticas resultó sorprendentemente parecido al estereotipo de las otras campañas de desprestigio de la Edad Media. Aunque los cargos eran claramente un pretexto y el juicio tenía realmente una motivación política, la extinción de la orden no generó casi oposición; no hubo siquiera otros soberanos que acudieran en su auxilio. Si acaso fue el silencio el que expresó rechazo, pero nadie se atrevió a enfrentarse públicamente al Rey de Francia.

La táctica de Felipe funcionó, se promulgó el veredicto de culpabilidad, y el mismo Papa suprimió la Orden del Temple en el Concilio de Viena de 1312. Mientras que los extraordinarios bienes raíces de los templarios fueron transferidos a los hospitalarios de San Juan, los caballeros eran puestos en libertad si reconocían los crímenes pero eran ejecutados si insistían en su inocencia. Jacques de Molay, el último maestro de la orden, fue condenado en un día de primavera del año 1314 a la entrada principal de la catedral de Notre-Dame de París. Poco después, y a tiro de piedra, fue quemado en la hoguera. Molay pidió que lo ataran al poste de tal modo que pudiese ver las torres de la catedral al morir.

El juicio público de los templarios provocó reflexiones concretas en sus contemporáneos, lo cual, más allá de las acusaciones sensacionalistas, era la verdadera razón del proceso. En realidad, el Rey francés tenía motivos de sobra para deshacerse de ellos. Por un lado, el dinero no le venía nada mal puesto que era uno de sus mayores deudores. Un par de años antes había desterrado de manera igualmente sorpresiva a unos banqueros judíos y, posteriormente, a unos italianos para luego apoderarse de su fortuna. El Rey vivía en una escasez constante de dinero a causa de sus numerosas guerras, sobre todo. Otro motivo posible era el deseo de Felipe, hijo y nieto de cruzados, de marchar por sí mismo a Tierra Santa, para lo cual tenía en mente una orden de caballería nueva y propia, y los poderosos templarios eran los primeros en obstaculizarle el camino. Además, la Orden del Temple le serviría de chivo expiatorio para distraer la atención de la recesión, la inflación y la subida de impuestos que experimentaba Francia en aquel entonces.

Además de estas razones, influyeron también motivos de tipo político-religioso. De hecho, la supresión de los templarios puede clasificarse como tesela del mosaico de la política del rey Felipe para establecer la supremacía de Francia en Europa y dentro de la Cristiandad. Felipe, un viudo ascético que imponía tenazmente sus rígidos principios morales, se vio a sí mismo como *el* Cristo de exhibición. Hay muchas evidencias de que realmente creía lo que se les reprochó a los templarios, y que, ante un papa débil, se vio llamado a efectuar una actuación justificada, como él mismo declaró. Felipe llevaba años en una lucha propagandística contra el papa Clemente V, y no estuvo lejos de calificar al máximo jefe de la Iglesia de criatura profana. Por eso, el desafortunado Papa se vio obligado a sacrificar a la mancillada orden para, al menos, preservar un papado con una relativa capacidad de ejercicio. Pero fracasó finalmente, y la pérdida de poder del papado quedó simbolizada en el «cautiverio de Babilonia» de los papas en Aviñón, que empezó precisamente con Clemente V. Sin embargo, Felipe tampoco pudo alcanzar sus metas —y corroborar con ello estas sospechas—, pues murió en el mismo año de la caída de los templarios, al igual que el papa Clemente.

En su *Divina Comedia*, Dante describió a los templarios como mártires, con lo que desató una fuerte discusión sobre su culpabilidad entre los intelectuales, en la cual participaron Lessing, Hegel y Ranke, entre otros. Prescindiendo de las reflexiones racionales sobre los motivos de este juicio inaudito, lo cierto es que los acontecimientos fueron pasto de rumores desde la Edad Media. Se les imputaron negocios ocultos bajo la protección de los privilegios papales y se los acusó de ser unos hombres poderosísimos que abusaron impíamente de la Iglesia para su beneficio. Los tesoros secretos atribuidos a la orden fueron creciendo con el paso de los años, y los ritos ocultos que se practicaban en los sótanos recónditos resultaron cada vez más inescrutables. Con especial tenacidad se ha mantenido la idea de que los templarios fueron los guardianes de una doctrina mística, asociada con elementos de las culturas y religiones más variadas, que encierra la clave del misterio del mundo. En esta idea se apoya el best seller de Dan Brown, quien barajó todos los clichés de los pseudoenigmas del Occidente cristiano en una mezcolanza fascinante pero inverosímil y rebatible. Los historiadores aún no se han puesto de acuerdo acerca de cuál de los motivos mencionados fue realmente decisivo para la supresión de la Orden del Temple, pero todos declaran y demuestran a la vez que las acusaciones eran tan traídas por los pelos como las conjeturas glorificantes de que, en 1314, los poderosos del mundo se deshicieron de una peligrosa sociedad secreta.

El conde Drácula

¿El vampiro chupasangre de Rumanía?

El conde Drácula de Transilvania es una de las figuras más famosas de la historia de la literatura y el cine. Desde su primera edición, en 1897, la novela de Bram Stoker sobre Drácula, el vampiro no muerto, ha sido traducida a todos los idiomas importantes del mundo y ha inspirado a innumerables autores a reelaborar el material. Las versiones cinematográficas, unas más fieles al modelo que otras, no están lejos de las doscientas. Desde principios de los años noventa, en la Transilvania rumana ha florecido el turismo «draculesco», en el que los visitantes conocen, de un modo más recreativo que histórico, el modelo utilizado por Bram Stoker para su protagonista. Pero, ¿existió alguna vez este conde? En caso de que haya vivido, ¿era realmente ese tipo tan cruel con quien uno preferiría no encontrarse? ¿Y fue éste el modelo del conde, mundialmente conocido, que tenía una especial debilidad por la sangre fresca?

Vlad III Tepes, príncipe de Valaquia, suele ser considerado como el modelo utilizado por Stoker, lo que lo convirtió en uno de los rumanos más conocidos del mundo. Vivió en el siglo XV y durante unos siete años, con interrupciones, fue soberano del principado rumano de Valaquia, no de la vecina Transilvania, que entonces pertenecía a Hungría. En aquella época, Valaquia estaba bajo el mando del Imperio otomano y, aunque no era independiente, tenía una autonomía considerable. El territorio se extendía aproximadamente desde los Cárpatos hasta el Danubio. Vlad adoptó el epíteto de «Draculea» de su padre,

Vlad II Dracul; si esto significa «demonio» o simplemente remite a su pertenencia a la Orden del Dragón del Rey húngaro, posteriormente el emperador Segismundo, sigue siendo tema de debate. «Tepes», su otro epíteto, significa «el empalador», pues al parecer solía matar a sus enemigos empalándolos. En todo caso, el príncipe Vlad intentó mantenerse firme frente a sus rivales nativos por medio de diversas alianzas con los vecinos Hungría, Moldavia y el Imperio Otomano, hasta que les declaró la guerra a los turcos. Ahí tuvo un éxito temporal, pero fue apresado por los húngaros en 1462 y sólo en 1476 pudo recuperar el poder. Poco después fue vencido finalmente por un rival, con ayuda de los turcos, y terminó siendo ejecutado junto con sus seguidores. Aún no se ha encontrado su tumba, pues en el supuesto lugar de su sepultura no se encontraron restos humanos.

Que existió un Drácula es un hecho, pero Vlad Tepes no era un vampiro. En las fuentes no hay ningún indicio de que haya visitado su patria después de su muerte en calidad de no muerto. También se debe analizar críticamente la fama de su peculiar crueldad: la muerte por empalamiento era una forma corriente de la pena capital en ese entonces, aun cuando el epíteto y la leyenda indiquen que Vlad recurría a este método con especial frecuencia. Él mismo no usaba ese nombre sino el de Draculea, y sólo en 1550 se le menciona por primera vez como empalador. De todos modos, se le imputaron muchas más atrocidades, hasta la acusación de que había obligado a unas madres a comerse a sus bebés, lo que debe atribuirse a la imaginación excesivamente fogosa de los cronistas malevolentes. Buena parte de la leyenda proviene de fuentes otomanas y alemanas, cuyos autores estaban interesados en envilecer al príncipe, pero el presunto sadismo extremadamente pronunciado de Vlad no puede comprobarse. Lo que hizo fue, más bien, intentar alcanzar sus metas utilizando, por una fría consideración imperialista, el terror como método de intimidación o escarmiento. Aun así, vivía en peligro permanente y debía protegerse de varios pretendientes al trono. Sus crueldades, depuradas de la propaganda exagerada, no parecen mucho mayores que las de los otros soberanos de aquel tiempo. Si bien los cronistas rumanos no ocultan su costumbre de empalar a sus adversarios, lo describen como un héroe que luchó por independizarse de los turcos y poco se quejan de su relación exageradamente cruel con los rivales y apóstatas.

De modo que el Drácula histórico tiene muchas menos similitudes con su versión literaria de lo que suele suponerse, pero, ¿habrá sido realmente su modelo histórico? Bram Stoker trabajó casi toda una década en su exitoso libro e investigó extensamente, lo cual pronto lo llevó a toparse con Transilvania y sus creencias populares, con sus mitos sobre las brujas y los vampiros.

Sin embargo, el autor irlandés no se inspiró en el príncipe de Valaquia para su novela, pues apenas se enteró de su existencia durante su investigación. En 1890, Stoker se interesó por el conde Drácula histórico y encontró en él un patrón para su personaje de Transilvania, al que ya tenía en mente desde antes. Por eso cambió su propósito: en vez de «vampiro», de ahí en adelante el conde chupasangre se llamaría Drácula, como el libro, cuyo título original era *El no muerto*. El que haya situado la trama en Transilvania no se debe a un insuficiente conocimiento de la geografía, sino a que ésa era la mejor elección. En aquel entonces, Transilvania tenía la fama, conveniente para él, de ser una tierra anticuada, misteriosa e insondable, en la que habitaban seres profundamente supersticiosos, mientras que Valaquia no podía ofrecer una reputación semejante. Y aun cuando no se relativicen críticamente las crueldades del Drácula histórico, al supuesto modelo le faltan también otras cualidades del personaje novelesco, sobre todo su educación.

El personaje de Drácula es, por tanto, un clásico *collage*. Stoker investigó ampliamente y se valió de diversos aspectos y detalles para su novela y su protagonista. Los vampiros estaban muy en boga en los siglos XVIII y XIX, y muchos escritores, desde Goethe hasta Coleridge y Byron, se remitieron a éstos. Asimismo, el ocultismo era un tema muy popular, y Stoker estudió todos los mitos y supersticiones posibles para dotar a su protagonista de las cualidades adecuadas. De modo que el histórico príncipe Vlad III Tepes no es más que una pieza más en el fascinante *collage* con que Bram Stoker construyó su famoso personaje.

El descubrimiento de América

¿A quién le corresponde el honor?

*D*esde nuestro punto de vista, el año 1492 es probablemente el más importante de la historia universal. Y el concepto de «globalización» se ha convertido en la palabra clave del siglo XXI. Globalización implica el desarrollo hacia «un mundo cada vez más pequeño» en el que tanto la economía, la política y la cultura se internacionalizan cada vez más y atañen a los seres humanos del mundo entero. El ejemplo más conocido es el calentamiento global, el gran tema de nuestra época. Asimismo, los conflictos también pueden adoptar rápidamente dimensiones globales. La globalización del siglo XXI —al menos hasta nuevo aviso— está principalmente marcada por Occidente, y esta globalización de carácter occidental empezó con el llamado descubrimiento de América por Cristóbal Colón. Lo que no quiere decir que las relaciones comerciales, como las que había entre Europa y Asia, o los conflictos interculturales y bélicos como las cruzadas, no hayan tenido importancia. Sin embargo, el año 1492 marcó la partida hacia un mundo dominado por Occidente. No en vano muchos consideran este año como el comienzo de la época moderna.

Pero, ¿en qué radica la importancia del viaje emprendido por el arrojado marinero de Génova quien, tras un prolongado y decepcionante rechazo de sus planes por parte de los Reyes Católicos, salió de las Canarias en septiembre de 1492 con sólo tres barcos para buscar el camino de Indias por mar y llegar, en cambio, al Caribe? ¿Le corresponde realmente a Colón la fama de descubridor, o ya habían llegado otros antes a América? ¿Y por qué no se bautizó el continente con su nombre, si él fue su descubridor?

En primer lugar, la idea del descubrimiento de América es claramente occidental y, a fin de cuentas, arrogante. Cuando los marineros europeos pusieron pie en archipiélagos deshabitados como Cabo Verde, Madeira o las Azores, bien podían calificarse de descubridores, pero América estaba habitada desde hacía tiempo. Por tanto, y en sentido estricto, habían sido los indios quienes habían descubierto y poblado el continente hacía más de diez mil años después de haber llegado desde Europa por la vía terrestre que aún existía en ese entonces.

Si prescindimos de estas consideraciones esenciales y nos concentramos en el significado del descubrimiento de América para los hombres de la era cristiana, ¿es Colón el personaje que buscamos?

Cristóbal Colón no fue el primer europeo en llegar a América. Alrededor del año 1000, es decir, unos cinco siglos antes de Colón, Leif Erikson, hijo de Erik el Rojo, navegó desde Groenlandia (descubierta por los vikingos dos décadas antes) hacia el oeste y llegó a la costa nordeste de Norteamérica. Aún se debate el sitio al que llegó exactamente, pero lo más probable es que los vikingos estuviesen en el norte de Newfoundland, pues allí se encontraron restos de sus asentamientos en los años sesenta del siglo XX. No obstante, los datos son escasos. Además, los vikingos tenían tan poco claro como Colón que habían llegado a un continente desconocido hasta el momento. Es posible que el genovés se enterase de estos viajes de los vikingos durante su viaje a Inglaterra, Irlanda e Islandia en 1477, pero esto es completamente incierto.

Hasta aquí, podríamos considerar a los vikingos como los verdaderos descubridores de América para Europa. Pero el hecho de que sepamos tan poco acerca de sus expediciones en Newfoundland demuestra la poca importancia que el «Viejo Mundo» le concedió a este descubrimiento. Lo mismo sucede con otros posibles viajes desde Europa hacia América antes de Colón, cuya autenticidad es debatida: no tuvieron consecuencias. En 1492, en cambio, los europeos estaban en una situación favorable para lanzarse más allá del continente. Desde el punto de vista económico, técnico y científico, estaban en condiciones de sacarle provecho a este descubrimiento, pues contaban con los requisitos ideales, tanto políticos como ideológicos, para administrar el nuevo continente. En resumen: la fiebre del descubrimiento había tomado Europa.

Albert Szent-Györgyi, el bioquímico galardonado con el premio Nobel, definió un descubrimiento como «ver algo que ya todos han visto, pero pensar lo que nadie ha pensado». Y es cierto que no todo el mundo había visto América cuando Colón desembarcó en el Caribe, pero no era el primer europeo en pisar suelo americano. Aun así, América entró en la historia universal con Colón, con todas sus consecuencias negativas y positivas, y puesto que el año 1492 marcó la entrada de Europa en la modernidad y cambió la historia del mundo para siempre, el marinero italiano sí se ganó el título de descubridor de América. Bien puede uno pasar por alto el hecho de que estaba convencido de haber encontrado el camino de Indias por mar. El genovés expió esta equivocación con el hecho de que el «Nuevo Mundo» no fuera bautizado en su honor. El nombre «América» remite al marinero florentino Américo Vespucio, quien navegó por el Atlántico después de su compatriota y fue el primero en reconocer que la tierra firme del otro lado del Atlántico no era Asia sino un continente desconocido hasta el momento. De todos modos, un país suramericano escogió el nombre del descubridor, y muchos países del continente celebran anualmente su llegada al Nuevo Mundo.

Caníbales

¿Un mito nacido de un temor neurótico?

El terror invade la cómoda vida occidental cada vez que los medios informan sobre prácticas caníbales. Actualmente, estas noticias suelen remitirse a casos acontecidos casi a la puerta de nuestros hogares, trátese de las víctimas hambrientas de un accidente aéreo que se ven obligadas a comerse a los pasajeros muertos o de casos de antropofagia por un placer perverso. Esto se vuelve monstruosamente atractivo cuando Hannibal Lecter, el gourmet y asesino múltiple de la película, se entrega a su ocupación favorita y saborea una carne humana bien asada. Otra escena que ha marcado nuestro horizonte es la de *Robinson Crusoe*, cuando el náufrago salva de unos caníbales a su futuro compañero Viernes. Pues en nuestra concepción, aparte de los casos modernos extremos, los caníbales son pueblos premodernos que se comen a otros humanos generalmente por razones rituales, alimentarias o por venganza.

El término «caníbal» proviene de la época de Colón. En 1492, cuando el descubridor creyó haber llegado a Indias pero en realidad había arribado a una isla en Centroamérica, los nativos le informaron de que sus vecinos eran antropófagos; de su nombre «caribe» se deriva la expresión «caníbal».

Tras el descubrimiento de América, las noticias del Nuevo Mundo produjeron fascinación en los curiosos europeos; se hablaba de tesoros legendarios, plantas desconocidas y crueldades interminables. Además del codiciado oro, la noticia de los pueblos antropófagos y sus prácticas despertó gran interés en los distinguidos hombres del Viejo Mundo del siglo XVI, no menos sensacionalistas que los televidentes del siglo XXI. Así, para la representación alegórica del continente supuestamente bárbaro, los artistas favorecieron la imagen de una antropófaga desnuda.

En todo caso, la noticia acerca de los pueblos antropófagos no apareció por primera vez con el descubrimiento de América; ya en la Antigüedad había relatos sobre la antropofagia que se practicaba en pueblos ajenos a la cultura propia. El historiador griego Heródoto ubicó estos pueblos a la orilla del mundo, en Asia, mientras que su colega medieval Adam von Bremen los situó bien al norte. En la mitología griega, es Orfeo quien prohíbe a los hombres comerse a sus semejantes y los civiliza por medio de la agricultura y la escritura. Homero permite que Odiseo escape de los cíclopes comedores de hombres, y en el Antiguo Testamento, Dios amenaza a los insubordinados con convertirlos en antropófagos. Todos estos relatos se basan en un mismo patrón: los pueblos bárbaros, sin cultura, no se detienen ante lo que los pueblos civilizados consideran tabú, a saber, comerse a sus congéneres.

Esta tradición se perpetuó en la Edad Media, y los sospechosos volvieron a ser ciertos grupos dentro de un mismo prisma: así como a los primeros cristianos se les imputaron ritos atroces, los cristianos medievales, por su parte, ahora que eran poderosos e importantes, culparon a los otros de romper tabúes como el canibalismo: fuesen paganos, judíos, herejes o brujas, a todos se les impuso el estigma de la antropofagia. Fue precisamente la angustiante Edad Media la que atribuyó a todo lo desconocido ciertas características estereotípicas consideradas como particularmente pecaminosas, e incluso en la época de la Reforma y las guerras de religión, en la lucha entre católicos y protestantes por la fe verdadera, el canibalismo se convirtió en la recriminación favorita.

De modo que con los relatos sobre los pueblos antropófagos del Nuevo Mundo no llegó nada realmente nuevo. Tanto sus escritores como sus lectores estaban familiarizados con las aterradoras imágenes que encajaban asombrosamente en la oposición entre el bien y el mal, es decir, entre civilización y barbarie. Colón conocía lo que habían dicho los escritores de la Antigüedad sobre los espantosos pueblos «de la orilla del mundo», gran parte de lo cual creyó haber redescubierto en su viaje, pues aunque él y sus hombres se toparon con huesos humanos en las chozas de los nativos, no presenciaron prácticas caníbales.

Lo cierto es que no fueron las anotaciones de los viajeros a América las que informaron a la amplia comunidad de lectores sobre los antropófagos del Nuevo Mundo, sino los relatos de escritores que ni siquiera habían estado ahí. Se divulgaban dictámenes cada vez más precipitados y representaciones cada vez más sensacionalistas, en muchas ocasiones por encargo de la Corona. El simple hallazgo de huesos humanos servía como evidencia de antropofagia al igual que como noticia no comprobable de los aparentes excesos canibalísticos. Lo uno se usaba como prueba de lo otro, sin que nadie hubiera presenciado realmente una práctica caníbal. Y aunque esto no impidió que algunos escritores de la lejana Europa describieran detalladamente los abominables hechos, llama la atención lo mucho que se parecen entre sí estas narraciones y cómo reaparecen constantemente ciertos clichés.

En todo caso, los relatos sobre los caníbales de Centro y Suramérica no soportan un análisis crítico. Muchos especialistas han señalado que faltan verdaderas evidencias y que la motivación para la divulgación de estas historias terroríficas surgió realmente en Europa: los textos antiguos acerca de los pueblos bárbaros de las orillas del mundo eran considerados como indiscutiblemente verdaderos puesto que sus autores, a su vez, eran incuestionables. Por eso mismo estaba claro que los marineros se toparían con los caníbales en algún momento. En la España del siglo XVI, la supuesta existencia de los antropófagos serviría, además, como argumento y justificación de la conquista y opresión del Nuevo Mundo. Y en la perpetuación de esta tradición, la América portuguesa, es decir Brasil, se convertiría en el país de los caníbales por antonomasia.

Fue especialmente Américo Vespucio quien siguió difundiendo el mito del canibalismo con sus textos, que han sido considerados como poco serios. Éste afirmó haber vivido entre caníbales y haber presenciado sus prácticas, pero se limitó a utilizar las mismas fórmulas estereotipadas de sus antecesores, adecuadamente adornadas. Aunque Vespucio no fue muy leído, sí fue ávidamente copiado por cronistas posteriores, pues muchos querían beneficiarse del negocio de la literatura de viajes.

Para los nativos, la acusación de canibalismo tuvo consecuencias nefastas. Quien comía hombres sin el menor tabú se merecía, como mínimo, un gobierno extranjero y la esclavitud, si no la destrucción. Las supuestas estirpes caníbales debían ser esclavizadas sobre todo para satisfacer la sed de oro de los europeos. En los pueblos suramericanos, la percepción del bien y el mal respondía cada vez más a la distinción entre los caníbales y los no caníbales. Lo que consta en la autorización explícita de esclavizar a los caníbales promulgada por la Corona española en la primera mitad del siglo XVI y por el rey Sebastián de Portugal con la ley de 1570, lo que les dejaba un amplio margen de maniobra: si los nativos rebatían las acusaciones, inmediatamente se los podía acusar de mentirosos.

En el siglo XIX, la prehistoria de los antepasados de los pueblos europeos despertó un interés generalizado, y las prácticas caníbales volvieron a cobrar importancia, pues la idea del canibalismo se había convertido en un mito ambulante hacía mucho tiempo. Actualmente, las excavaciones arqueológicas realizadas por todo el continente demuestran las supuestas evidencias de antropofagia en la remota antigüedad europea. Pero un análisis crítico de estos hallazgos genera serias dudas puesto que los datos no son convincentes en absoluto. En vez de pruebas unívocas, lo que hay son indicios que siempre pueden tener otra explicación: la mayoría de las veces se trata de objetos hallados en tumbas, cuya peculiaridad puede explicarse satisfactoriamente por los ritos fúnebres. Asimismo, las supuestas pruebas de canibalismo encontradas por los primeros viajeros en las viviendas de los nativos americanos pueden identificarse como trofeos de guerra o reliquias de los antepasados. Al parecer, los científicos del siglo XIX estaban tan predispuestos por sus expectativas que dieron por comprobado, sin el menor examen crítico, lo que creían saber: que los pueblos precivilizados eran caníbales. No se creía que los pueblos «primitivos» fueran capaces de llevar a cabo complejos ritos fúnebres ni prácticas simbólicas.

Asimismo, la existencia del canibalismo más allá del placer perverso o la pura supervivencia es algo que dan por sentado muchos científicos actuales, aun cuando las pruebas no sean ni terminantes ni resistan un análisis crítico. Con tal de explicar la sorprendente propagación de una de las variantes de la enfermedad de Creutzfeld-Jacob en la tribu fore de Nueva Guinea, a sus miembros se les sigue imputando la costumbre de comerse a los muertos, cuando el fenómeno bien puede atribuirse a un rito fúnebre. Pero, por lo visto, el mito de los antropófagos sigue siendo demasiado atractivo. En los años veinte, los artistas brasileños reaccionaron a su manera ante la difamación de sus antepasados: en su *Manifiesto Antropófago*, el escritor Oswald de Andrade invitó a devorar la cultura europea para incorporarla a la realidad brasileña. En todo caso, ni en Suramérica ni en ningún otro lugar del mundo se han encontrado evidencias sólidas de otro tipo de canibalismo.

La dinastía de los Borgia

¿Sexo y crimen en el Vaticano?

*L*a larga historia del papado ha sido constantemente pasto de rumores y escándalos: la famosa leyenda de la presunta papisa Juana es uno de ellos. Por supuesto que durante los dos mil años de la Iglesia Católica Romana ha habido numerosos crímenes y delitos. Las noticias al respecto eran las armas preferidas en la lucha entre las fuerzas rivales de Roma o por los adversarios del papado, y poco importaba su veracidad. La leyenda más conocida y arraigada sobre acontecimientos pecaminosos y prácticas demoníacas en el palacio papal es la de la familia Borgia, y la pretendida verdad de este escándalo familiar en la Santa Sede sigue siendo extremadamente popular.

De la familia Borgia salieron dos de los papas de la segunda mitad del siglo XV: Calixto III (1455-1458) y Alejandro VI (1492-1503). El auge experimentado durante el Renacimiento por los Borja, unos nobles españoles de provincia, hizo que se convirtieran en la esplendorosa, y a su vez desacreditada, dinastía de los Borgia.

En el núcleo de la leyenda de esta familia supuestamente corrompida hasta la médula se encuentra el sobrino de Calixto, Rodrigo, quien llegó a cardenal en 1456 y quien, en 1492, se convirtió en el papa Alejandro VI. Si bien es cierto que no era un hombre honesto, muy pocos de los altos eclesiásticos de aquella época lo eran; los papas empezaron a preocuparse por su imagen pública sólo después de la Reforma. Sin embargo, Rodrigo/Alejandro era discreto y muy estimado por el pueblo romano, que no husmeaba especialmente en su vida privada. La época era tolerante con las cuestiones carnales, y el Papa no tuvo que esconder a sus hijos ilegítimos, entre ellos los famosos Lucrecia y César Borgia. Tampoco se ocultó la identidad de su madre, quien además fue enaltecida en su lápida como la madre de los hijos del Papa.

Al igual que su tío Calixto, Alejandro se ocupó cuidadosamente de la manutención de sus muchos hijos y del futuro de su familia con prebendas y una prudente política matrimonial, en lo cual fue inescrupuloso, de hecho, pues consideraba que su familia era predestinada. Su hijo César se hizo cardenal con apenas dieciocho años, y su hija Lucrecia (1480-1519) contrajo matrimonio tres veces en favor del prestigio dinástico y el ascenso familiar. De todas las historias sobre la familia Borgia, la de que Lucrecia fue una especie de Mesalina premoderna y desinhibida, como escribió el historiador británico Edward Gibbon, es una de las más populares.

Los cónclaves papales eran fuente de todo tipo de rumores y acusaciones debido a la lucha de poderes y al regateo de puestos. Y con la elección de Rodrigo como Papa sucedió que un español volvía a obtener el cargo que los italianos reclamaban para uno de los suyos. Además, Rodrigo era un hombre rico y presumido que seguía hablando únicamente castellano a pesar de que llevaba más de treinta años viviendo en Roma. Esto, desde luego, no podía agradar a los estrictos clérigos italianos. Como era costumbre, Rodrigo había urdido su elección con compromisos y promesas, y aunque esto no era nada nuevo, los Borgia marcaron un hito en la lucha por el poder del papado. No obstante, los cuentos sobre las mulas que salían del palacio de los Borgia cargadas con el dinero de los sobornos son tan falsos como el supuesto pacto de Rodrigo con el diablo, quien le habría ayudado a llegar al pontificado por el precio de su alma. De todos modos, se divulgó que Rodrigo había comprado su elección de una u otra forma y que, por tanto, residía ilegalmente en el Castillo de Sant'Angelo.

Durante su pontificado, a Rodrigo se le imputaron los asesinatos de varios cardenales, pero lo más probable es que no los hubiera cometido ni encargado. Tampoco hay pruebas de sus excesos desenfrenados; al contrario, Alejandro VI fue uno de los papas más conservadores y piadosos de su época. Además fue un papa poderoso, que fortaleció los Estados Pontificios e intervino exitosamente en la política europea. No obstante, el hecho de depender de un papa español daba a las grandes familias italianas motivos suficientes para combatir propagandísticamente al extranjero que ocupaba la sede de San Pedro.

Pero Alejandro VI alcanzó poder y prestigio, de modo que las solicitudes de que se lo desposeyera de su cargo no encontraron apoyo ni siquiera en el influyente y devoto Rey de Francia, que solía mostrarse a favor de las intrigas contra la curia. La propaganda contra los Borgia fue continuada provisionalmente por el dominico Savonarola, quien atacó al Papa corrupto desde una Florencia repentinamente devota. Luego, la fábrica de rumores revivió con noticias cuyo origen permaneció oculto: el primer esposo de Lucrecia, Giovanni Sforza, huyó de Roma una noche, y otro hijo del papa, Juan Borgia, desapareció misteriosamente. Al sacar el cadáver de Juan de las aguas del Tíber, se acusó de su muerte a su hermano César, pues así podía dejar finalmente el cardenalato y empezar una vida mundana. A los hijos del Papa se los culpó precipitadamente, y sin pruebas, de otras muertes espectaculares. Pero a César sólo puede comprobársele a ciencia cierta un asesinato que no cometió por mano propia sino que encargó: el estrangulamiento de su cuñado Alfonso de Aragón.

Poco antes de la muerte de su padre, Lucrecia se retiró a Ferrara, donde llevó una vida que puede calificarse de todo menos de inmoral. Sin embargo, su partida de Roma en 1502 desató definitivamente una campaña de desprestigio. Con profusión de detalles, se propagó la noticia de una orgía monstruosa que el Papa había organizado supuestamente con su hija en la noche anterior al día de Todos los Santos: en un aquelarre en toda regla, se invitaron cincuenta prostitutas a palacio para entretener a Alejandro y a Lucrecia con ofrendas sexuales de todo tipo. Se habló de toda clase de perversiones sexuales, hasta de incesto con su hija Lucrecia, por quien el Santo Padre habría competido con su hijo César. La campaña culminó finalmente con la afirmación infundada de que la verdadera madre de Giovanni, el hijo de Alejandro nacido en 1498, era Lucrecia.

El último cénit de la leyenda de los Borgia es la muerte de Alejandro VI, cuya vida supuestamente escandalosa llamó especial atención al final de su pontificado. Según la leyenda, el pecaminoso Papa no tuvo una muerte pacífica sino que murió precisamente por el veneno que pretendía administrarle a un cardenal poco estimado y padeció las angustias mortales durante toda una semana. Alejandro, que a pesar de su edad era un hombre robusto, murió repentinamente de malaria; y en los documentos sobre esa noche de agosto del año 1503 se habla de un gran alboroto, un hedor insoportable y unos epifenómenos espantosos acaecidos cuando los enviados del infierno arrebataron de su entorno sagrado al alma maldita del Sumo Pontífice.

En todo caso, el origen de las calumnias sobre los Borgia se remonta al descontento de las familias italianas por el ascenso de esta familia española en Roma, empezando por Calixto III, primer Papa español desde hacía más de un siglo que no se hizo querer al desairar a las familias del lugar con su política personal dentro de la curia romana. El favoritismo no era nada excepcional entre los papas, pero Calixto prefirió a los compatriotas y parientes equivocados, según los romanos.

En el fondo, la leyenda de los Borgia puede remontarse tanto a los relatos diabólicos acerca de los papas de los primeros siglos como a las supersticiones y textos propagandísticos de la cacería de brujas y la Inquisición. Y Lucrecia está en el núcleo de estas historias porque, en la imaginación cristiana, tales monstruosidades debían provenir de una mujer. Poco después de la muerte de Alejandro VI, fue Johannes Burkhard, su maestro de ceremonias, quien se encargó de ampliar la leyenda. En medio de los acontecimientos políticos que arrebataron la independencia a las orgullosas ciudades de Milán y Nápoles, la leyenda negra del Papa extranjero sirvió para explicar la deshonra de Italia. Y tales calumnias le fueron como anillo al dedo a su sucesor, Julio II, que tenía una cuenta pendiente con los Borgia por la elección de Rodrigo en el cónclave de 1492 y se valió de todos los medios posibles para desprestigiar a los advenedizos españoles.

Posteriormente, la historia fue desapareciendo poco a poco. Por un lado, porque ya no se la necesitaba para fines propagandísticos, por otro, por la canonización de un bisnieto de Alejandro, Francisco de Borja, General de la Compañía de Jesús. La censura católica logró otro tanto. En la Europa protestante, la leyenda experimentó cierta elaboración literaria pero despertó poco interés. El tema sólo volvió a ponerse en boga con el romanticismo del siglo XIX, cuando lo importante era más bien la polémica con el Renacimiento y no la campaña contra la Iglesia. Sus redescubridores más destacados fueron el francés Alejandro Dumas, autor de la primera novela larga sobre los Borgia, que tuvo gran influencia en los historiadores, así como Víctor Hugo. Éste representó a Lucrecia como emponzoñadora resentida en una obra de teatro que emocionó a su público, y el compositor Gaetano Donizetti convirtió esta obra en una ópera que todavía se sigue interpretando. El escenario de la primera imagen es Venecia, donde Lucrecia Borgia nunca estuvo.

A finales del siglo XIX se hizo un poco de justicia a la dinastía de los Borgia cuando el historiador alemán Ferdinand Gregorovius se esforzó por reivindicar la imagen de Lucrecia a partir de las verdaderas fuentes. Sin embargo, habría que esperar más de medio siglo para contar con una mirada distinta, libre de leyendas escabrosas, sobre esta dinastía. En la concepción popular de la historia, la leyenda de «sexo y crimen» en el Vaticano ha demostrado ser tremendamente resistente.

El fracaso de la Armada Invencible

¿Golpe mortal contra una potencia mundial?

El año 1588 suele verse como un momento crítico de la historia, y la razón es el intento fallido de España de conquistar Inglaterra. Mucho más allá de la conciencia histórica de los ingleses, este fracaso de la Armada Invencible es considerado como una victoria decisiva de Inglaterra porque anunció la decadencia de la supremacía española sobre el continente europeo y más allá. Y precisamente ese año del reinado de Isabel I contiene el embrión del ascenso de Inglaterra como potencia mundial. Pero el resultado de la batalla naval de Gravelinas, el 8 de agosto de 1588, ¿fue realmente una victoria para Inglaterra y una derrota para España? ¿Y significó esto la decadencia de la hegemonía española y el comienzo de la grandeza inglesa?

A lo largo de los siglos, la historia europea ha sido la historia del equilibrio —constantemente amenazado— entre los Estados del continente y el intento de Estados particulares por desestabilizarlo y alcanzar la hegemonía. Mientras que la Edad Media se caracterizó por las luchas entre el poder espiritual y el mundano, entre el Papa y el Emperador, los inicios de la edad moderna están marcados, primero, por el conflicto entre los poderes católicos y protestantes, y luego, por la lucha por la supremacía en el Nuevo Mundo.

En el siglo XVI, España era *la* potencia europea y, con sus colonias, la potencia mundial por antonomasia; más aun cuando Felipe II, en 1580, consiguió el dominio sobre Portugal y sus colonias por una unión personal. España se concebía a sí misma como el «más católico» de todos los países y era el bastión de la Contrarreforma. Inglaterra, en cambio, era protestante, e Isabel I había destruido todas las esperanzas de que su país volviese a los brazos de Roma en un futuro cercano al ejecutar a su rival católica Maria Estuardo. En los Países Bajos, en ese entonces bajo dominio mayoritariamente español, Inglaterra y España se invadían mutuamente puesto que Isabel respaldaba las provincias rebeldes de Holanda y Zelanda.

En la década de 1580, Felipe II de España, un hombre poderoso y arrogante pero también profundamente religioso, decidió matar tres pájaros de un tiro con la invasión de Inglaterra: reencauzar el reino hacia el camino correcto de la fe católica, impedir el respaldo inglés a los protestantes neerlandeses y destruir las crecientes ambiciones de los ingleses en ultramar. Bajo el reinado de Isabel I, Inglaterra había alimentado el deseo de poseer colonias inglesas y superar la supremacía marítima española, lo que tenía que ver tanto con la reputación que se derivaba de ser una potencia naval como con razones económicas, puesto que el naciente comercio mundial prometía grandes ganancias. En el otoño de 1585 se concretaron los planes de España, y tras unas cuantas dilaciones —entre otras por un ataque sorpresa de los ingleses a unos galeones españoles en el puerto de Cádiz—, habría de empezar la ambiciosa operación. Para entonces, Inglaterra llevaba más de cinco siglos sin ser asaltada desde el exterior.

En el mes de mayo de 1588 zarpó una armada de ciento treinta barcos en total, con el apoyo de galeras y buques mercantes: la armada más grande nunca antes vista en aguas del norte de Europa. Veinte mil soldados y más de dos mil cuatrocientos cañones, bajo la dirección de comandantes experimentadísimos, debían garantizar el éxito de la invasión. Algunos de estos soldados venían de la armada flamenca y debían unirse a la flota en el canal de la Mancha. Un punto clave de la planificación era la invasión por tierra, escoltada por la armada, que debía navegar hacia Londres por el Támesis. Pero las condiciones climáticas dificultaron el viaje de tal modo que la armada española apenas pudo llegar a la costa inglesa a finales de julio. Los ingleses, por su parte, estaban preparados, y la invasión fracasó. La armada española, muy debilitada, tuvo que cambiar de curso y regresar a España. El ambicioso plan de Felipe se había visto frustrado.

En los siglos posteriores, el «rechazo» de los españoles por parte de los ingleses se convirtió en un mito y se glorificó la impavidez del comandante sir Francis Drake, quien, con toda tranquilidad, jugó una partida de bolos antes de enfrentarse al enemigo. La misma reina Isabel se había presentado en la costa para apoyar a sus hombres y avivar su belicosidad con un discurso enardecido. La confrontación se enalteció de tal forma que fue declarada lucha de independencia contra la despótica España y victoria del protestantismo sobre el catolicismo arrogante y corrupto. Entonces se establecieron los aniversarios merecidos: el 8 de agosto habría de convertirse en un feriado nacional. Innumerables poetas ingleses ensalzaron la gloria de su país en el mar picado, y la idea de que Inglaterra había triunfado sobre España se difundió mucho más allá de sus fronteras, anunciando así la decadencia de la antigua potencia española en pro del ascenso de la inglesa.

Pero estas verdades simples y populares no se corresponden del todo con los hechos. En primer lugar, Inglaterra no definió la batalla de manera victoriosa. Lo que definió la batalla fue más bien el clima, que incluso para las condiciones variables del canal tuvo un comportamiento excepcionalmente extremo. Es cierto que los ingleses no se lo pusieron fácil a los galeones españoles, pero sólo hundieron unos pocos. Con unas condiciones climáticas más favorables, los excelentes comandantes españoles habrían podido contrarrestar fácilmente el hecho de que los barcos ingleses fueran más manejables. Pero cuando la armada española, mejor equipada que la inglesa, se vio obligada a cambiar de curso por el clima, las violentas tormentas hicieron que sus barcos se estrellaran contra los arrecifes de Irlanda y Escocia. Por eso tuvieron que abortar el plan, y el resto de la flota regresó a España con las manos vacías. Esto indujo a la propaganda inglesa a hablar de la divina

Providencia; la reina Isabel encargó la elaboración de monedas con el adagio: «Dios sopló y ellos fueron destruidos».

En todo caso, el hecho de que Inglaterra no se creyera segura pese a toda la propaganda demuestra el temor ante un regreso inminente de los españoles. Esto era lo que se esperaba inmediatamente después de la batalla, hasta que quedó claro que la armada había navegado de regreso a España. A pesar del fracaso de la invasión, los españoles habían evidenciado la vulnerabilidad de Inglaterra. El plan de conducir a los soldados hasta la otra orilla y ocupar el país con tropas terrestres era acertado, pues el ejército inglés no habría tenido mucho que oponer en tierra a los españoles. Los contemporáneos tampoco vieron una España debilitada por la confrontación, mucho menos cuando Felipe II volvió a armarse y mandó construir mejores barcos. En efecto, éste llevó a cabo nuevos intentos de invasión que, sin embargo, volvieron a fracasar por el clima. Hasta que, finalmente, el éxito militar en los Países Bajos se hizo más importante que la ocupación de Inglaterra.

En 1588 tampoco empezó la decadencia de la supremacía española; esto sucedió décadas después y tuvo causas distintas a la fracasada invasión de Inglaterra. España vio el fracaso de su «imperialismo mesiánico», como lo llamó un historiador, con el final de la guerra de los Treinta Años en 1648, que puso fin a la Contrarreforma y perjudicó seriamente su renombre militar. Epidemias, malas cosechas, problemas económicos y financieros debilitaron el país internamente, a lo que se sumaron las turbulencias dinásticas hasta que, tras la Guerra de Sucesión (1701-1713/14), la supremacía española en Europa se resquebrajó definitivamente.

Asimismo, el ascenso de Inglaterra a potencia marítima no está relacionado con la derrota de la Armada española, pues éste se hizo esperar unos cien años. Desde un punto de vista realista, el intento de invasión por parte de los españoles fue un acontecimiento espectacular para el siglo XVI tardío, pero no fue ni excepcional ni excesivamente importante.

Los emigrantes del *Mayflower*

¿Refugiados religiosos?

*L*os mitos y las leyendas sobre el origen de los países y los pueblos pueden jugar un papel social y político muy importante, ya sea por el sentimiento de pertenencia, por cuestiones territoriales o para justificar guerras. Esto es aplicable tanto a la vieja Europa como a países más jóvenes como Estados Unidos, aun cuando este último tiene orígenes múltiples y sólo puede remontarse indirectamente a una historia tan larga como la de los pueblos europeos. Especialmente por esa historia más corta y con el fin de promover un sentimiento de pertenencia entre sus habitantes de orígenes tan distintos, Estados Unidos elaboró un mito fundacional que se difunde en sus libros de texto y empieza con los llamados «padres peregrinos», quienes partieron de Inglaterra en 1620 a bordo del *Mayflower* y fundaron una colonia en el cabo Cod de Nueva Inglaterra. Según la leyenda, los 101 pasajeros del *Mayflower* eran gente pobre y modesta que no veía ningún futuro en Europa y buscaba la libertad político-religiosa en el Nuevo Mundo. La perspectiva religiosa de estos puritanos de construir un nuevo Edén para complacer a Dios marcó profundamente la conciencia estadounidense, lo cual explica el apasionamiento religioso que conmueve a los Estados Unidos incluso en la gran política. Después de todo, los peregrinos del *Mayflower* son considerados precisamente como los precursores de la democracia estadounidense.

El *Mayflower* de los padres peregrinos no fue el primer

barco en llevar pobladores ingleses a Nueva Inglaterra, pues otras colonizaciones se habían frustrado anteriormente. Sin embargo, los colonos del *Mayflower* tuvieron más suerte y éxito al fundar Plymouth y ponerse a trabajar, y en agradecimiento por la cosecha recolectada en 1621 celebraron el primer día de Acción de Gracias con maíz y pavo.

Según las firmas de la primera declaración que los 41 pasajeros masculinos del *Mayflower* redactaron aún en alta mar, los padres peregrinos tenían distintos orígenes. Al firmar esta carta, once de ellos antepusieron un «mr» a su nombre, lo cual indica que no sólo estaban en mejores condiciones que el resto, sino que además atribuían importancia a esta diferencia. En este barco, los padres peregrinos ni componían la mayoría ni eran pobres, pues en ese caso no habrían podido pagar la costosa emigración. Los pobres que había entre los pasajeros eran dependientes que deberían servir a sus señores durante años antes de poder organizarse una existencia propia. Además, los padres peregrinos y sus familias no eran propiamente refugiados oprimidos por sus creencias; más bien querían distanciarse de la Iglesia anglicana porque la consideraban irreformable. Por eso se habían marchado hacía doce años a Holanda, donde algunos de ellos se sintieron insatisfechos por razones económicas y culturales, y decidieron irse a América.

El acuerdo redactado por los padres peregrinos durante el viaje fue posteriormente glorificado como el nacimiento de la democracia estadounidense. Pero he aquí otra mitificación infundada, pues el objetivo de esa declaración era responsabilizar del destino de la futura colonia a quienes tenían una clara concepción político-religiosa de las bases sobre las cuales funcionaría dicha colonia, a lo que deberían atenerse aquellos colonos que habían partido sin una concepción religiosa determinada. Esto no se corresponde precisamente con las costumbres democráticas, y los padres peregrinos no fueron precisamente deferentes con los colonos que se entregaban al alcohol y demás placeres mundanos con demasiada libertad.

Asimismo, el asentamiento en Plymouth de los pasajeros del *Mayflower* no puede verse como el verdadero embrión de

Nueva Inglaterra, pues ésta surgió a finales del siglo XVII en la colonia de Massachussets, mucho más poblada. A decir verdad, la importancia histórica de los padres peregrinos del *Mayflower* es mucho menor que como la ha pintado la memoria histórica de los Estados Unidos.

Los pasajeros de los otros barcos de emigrantes que viajaron a Nueva Inglaterra en la década de 1630 tenían también diversas motivaciones; la religión era solamente una de ellas. Lo que más pesó para el alistamiento de la mayoría fueron las razones económicas o personales, así como el afán de aventuras o la esperanza de ascender, lo cual puede verse claramente en las cartas y memorias de los viajeros. Los historiadores sospechan que los aspectos religiosos, que jugaron un papel importante en el siglo XVII, bien pudieron haber dado un impulso a la emigración pero no fueron la única razón para emprender el temido viaje al Nuevo Mundo.

En efecto, los puritanos que viajaron entre los emigrantes del siglo XVII eran una minoría, aun cuando los cuentos populares, los libros de texto y la memoria histórica transmitan otra cosa. Incluso en la llamada *Great Migration* de la década de 1630 los puritanos no componían el grupo más grande, a diferencia de lo que suele afirmarse. En este caso eran también los trabajadores humildes y dependientes los que componían la mayoría de los recién llegados, y sólo algunos casos excepcionales emigraron por razones religiosas.

Pero incluso los puritanos no eran unos refugiados religiosos excepcionales que se vieron obligados a emigrar de Inglaterra por la represión religiosa, sino que, como muchos otros emigrantes, fueron animados, con promesas usualmente exageradas, a buscar suerte en el Nuevo Mundo, en la mayoría de los casos por las mismas razones económicas que tenían los demás.

Lo que es de resaltar en la historia de Nueva Inglaterra del siglo XVII es que los colonos ingleses dispusieron unas reglas religiosas más estrictas que las que estaban acostumbrados a seguir en Inglaterra; el Estado y la Iglesia quedaron mucho más estrechamente relacionados que en la madre patria. De modo que la separación entre el Estado y la Iglesia no fue una preocupación básica de los emigrantes; he ahí otro error de la memoria histórica. Esta idea se impuso mucho después y sólo en 1791 entró en la Constitución de los Estados Unidos, que sin embargo permitió reglas de los estados particulares.

Por otra parte, la libertad de culto de la Nueva Inglaterra colonial no se refería al individuo sino a la comunidad: los líderes de las colonias, que no se veían ligados al modelo inglés, disponían ciertas reglas que aplicaban por igual a todos los miembros de las respectivas colonias. La blasfemia y el divorcio, por ejemplo, se castigaron con la pena de muerte en Massachussets, donde fueron perseguidos los primeros cuáqueros y algunos de ellos fueron incluso ahorcados.

Al igual que otros mitos nacionales, estos mitos fundacionales se remontan a acontecimientos y procesos históricos pero han perdido autenticidad debido a la simplificación. Además fueron creados pocas décadas después de la llegada del *Mayflower* a Plymouth y han sido nutridos desde entonces: en tanto que afirmación personal y fortalecimiento durante la dura época de construcción, pero también en tanto que delimitación frente a los otros, especialmente los indígenas nativos o los esclavos africanos, cuya migración forzosa a Norteamérica brilló por su ausencia en la memoria histórica de los estadounidenses durante siglos. Sin embargo, esta comprensión histórica errónea fluctúa tanto como los dictámenes de los historiadores que desde hace algunas décadas empezaron a reubicar incansablemente los mitos fundacionales estadounidenses en sus dimensiones históricas.

Galileo Galilei

¿Mártir de la ciencia?

𝒰n tema que goza de tanta demanda como reconocimiento por parte de los críticos de la Iglesia católica es la relación de ésta con la ciencia. A pesar de que la Iglesia aceptó hace mucho tiempo la doctrina de Darwin sobre la evolución, un grito atraviesa el mundo ilustrado cada vez que algún religioso insignificante pero taquillero defiende el punto de vista de los creacionistas fundamentalistas, quienes se aferran a la historia de la creación bíblica. La Iglesia católica sigue siendo vista como anticientífica porque entiende la investigación libre como una amenaza a su doctrina. ¿Acaso la Inquisición no hizo callar a Galileo Galilei (1564-1642) por su insistencia en que la tierra gira alrededor del sol y no al revés? ¿Y no tuvieron que pasar más de trescientos cincuenta años para que un papa admitiese el error de la Iglesia y rehabilitase a Galileo?

El proceso de la Inquisición de 1633 contra el matemático florentino Galileo Galilei es considerado hasta la actualidad como un excelente ejemplo del conflicto entre fe y verdad, entre Iglesia y ciencia. Galileo aparece como un héroe íntegro e inquebrantable de la verdad, mientras que la Iglesia es vista como el poder déspota que reprime implacablemente cualquier cosa que socave su doctrina. De ahí que Galileo sea considerado por muchos como un hombre moderno frente a una Iglesia cada vez más retrógrada. La imagen popular de este *affaire* pone a la Inquisición en el centro, puesto que mandó llamar a Galileo a Roma, lo encerró en un calabozo y lo torturó; los cuadros muestran a un Galileo maltratado y encadenado delante de los arrogantes inquisidores. El material ha sido reelaborado literariamente una y otra vez desde el siglo XVII, y nuestra concepción actual sobre Galileo y el proceso está especialmente marcada por la obra de Bertolt Brecht, *Vida de Galileo* (1938). Pero ¿cuán cierta es esta imagen del padre de la ciencia moderna al que la Iglesia reprimió despiadadamente?

Galileo pertenece, con toda razón y sin disputa, a los fundadores de la ciencia moderna. Sin embargo, sus méritos están más en la disciplina de la física y la matemática que en el terreno de la astronomía, aun cuando fuese éste el objeto del proceso y de su libro *Diálogo sobre los dos principales sistemas del mundo*. El verdadero peso pesado entre los astrónomos de la época era, sin embargo, Johannes Kepler. En todo caso, la teoría de que el centro del universo es el sol y no la tierra, y de que ésta se mueve en vez de ser estática, se había planteado y descartado varias veces desde la Antigüedad hasta que Nicolás Copérnico la puso sobre la mesa con nuevos argumentos en 1543. Considerando que esta hipótesis podía causar revuelo en la Iglesia, Copérnico postergó la publicación de su teoría hasta una edad avanzada, y Galileo tuvo un cuidado similar inicialmente. Un argumento que no debe menospreciarse en la polémica sobre el orden de los planetas es el del sentido común. Hoy podemos explicarnos, por ejemplo, por qué la fuerza centrífuga no hace que salgan disparados los objetos sobre una tierra en rotación, pero durante el Renacimiento esto seguía siendo una pregunta abierta. Además, la vista comprobaba que el que se movía era el sol, pues salía por las mañanas y se ocultaba por las noches. Por otro lado, la Biblia, en tanto que revelación Divina, poseía una autoridad ilimitada, y allí se hablaba tanto del movimiento del sol como de la unicidad de la creación, lo cual indicaba que la tierra era el centro. Dios había creado las plantas, los animales y los hombres en la tierra, ¿qué otra cosa podía ser, por tanto, el centro del universo? Era algo difícil de imaginar, más aun sin pruebas concluyentes.

Durante su actividad pedagógica en Padua y Pisa, donde

utilizó la torre inclinada para sus experimentos físicos, Galileo no abordó las tesis copernicanas sino hasta 1609. Pero los descubrimientos sobre los satélites de Júpiter, la superficie lunar y las manchas solares, con ayuda de la invención del telescopio, lo llevaron a la convicción de que Copérnico tenía razón. Sus observaciones comprobaban la hipótesis de que la tierra se movía, sólo que no podía demostrarlo. Galileo adujo el argumento de que las mareas eran producidas por el movimiento de la tierra y se preguntó por qué el flujo y el reflujo no se ceñían al ritmo de las doce horas, y hoy en día sabemos que estaba equivocado. Pero lo cierto es que el físico florentino no tardó en sumarse a los defensores de las tesis copernicanas. Para aquel entonces, la Iglesia no sólo no consideraba a Galileo inaceptable sino que entre sus patrocinadores se contaban altos representantes eclesiásticos como algunos jesuitas y el posterior papa Urbano VIII. Pero cuando alcanzó cierta fama no sólo se volvió más valiente sino cada vez más arrogante e impaciente con sus críticos, que le reprochaban que desacatara la autoridad bíblica.

En 1616, sus opositores presentaron el caso ante la Inquisición, que, sin embargo, no vio ningún motivo para acusarlo de herejía. La obra de Copérnico estaba incluida en el *Index* de libros prohibidos pero volvería a permitirse en 1620 con algunos cambios; así que aunque no estuviera prohibida, su doctrina era sospechosa al no ser ni demostrable ni compatible con la Biblia. Por eso podía emplearse únicamente como hipótesis, a lo que debía atenerse Galileo, como se lo dio a entender el representante de la Inquisición, el cardenal Bellarmino. La Iglesia no se oponía realmente a la ciencia sino a las consecuencias que podían tener sus hipótesis para la interpretación de la Biblia. Esto puede resultar risible desde el punto de vista actual, pero en aquel entonces se daban debates encarnizados en torno a las divergencias de opiniones teológicas que tenían un efecto directo sobre la vida. Para la época de la Contrarreforma y en vísperas de la guerra de los Treinta Años, la Iglesia católica estaba a la defensiva. ¿Acaso podía reprocharse a sus líderes que no quisieran reconocer una teoría, aún sin demostrar, que habría exigido una nueva interpretación de la Biblia? Después de todo, Roma tuvo que protegerse de las inculpaciones del bando protestante de seguir las Santas Escrituras de modo insuficiente, y de ahí que el Concilio de Trento de mediados del siglo XVI ratificara expresamente la autoridad de la Biblia en lo referente a la fe y la moral.

El verdadero proceso inquisitorial contra Galileo tuvo lugar en 1633, después de la publicación de su *Diálogo*, aunque el estudioso había tomado diversas precauciones para que la obra no generara una confrontación con la Iglesia. Sobre todo, quería que el movimiento de la tierra se entendiera como una mera hipótesis y que su libro no se leyera como partidario de una teoría sino como un texto informativo. Por eso mismo lo escribió en forma de diálogo entre tres nobles venecianos que comparan y examinan las teorías antagónicas sin dar preferencia expresa a ninguna. Sin embargo, pese a todas las precauciones, el *Diálogo* resultó ser una clara defensa de la teoría copernicana. Era evidente que su conclusión abierta era una elaboración, especialmente porque la simpatía de Galileo hacia la teoría copernicana no era ningún secreto. Por otro lado, más de una vez había dado la impresión de querer prescribir a los teólogos la mejor forma de interpretar la Biblia. La indignación de ciertos eclesiásticos era absolutamente comprensible: el florentino parecía creerse más competente que los especialistas en cuestiones bíblicas. Y esto no podía resultar precisamente conveniente para su popularidad entre los clérigos conservadores.

De modo que Galileo, que entonces tenía casi setenta años y estaba enfermo, fue convocado por el Santo Oficio, precursor de la actual Congregación para la Doctrina de la Fe, a presentarse en Roma. Pero no fue a dar a las mazmorras del Vaticano, como suele afirmarse, sino que se le permitió alojarse decorosamente, como estudioso de la corte del gran duque de Toscana, en su embajada romana. Durante los interrogatorios le proporcionaron una habitación propia y espaciosa en el recinto de la Inquisición, y la embajada florentina se encargó de su bienestar físico. Este tratamiento preferencial se explica por las buenas relaciones de Galileo con el papa Urbano VIII, a quien había conocido cuando éste era cardenal, pero también por el aprecio general de que el estudioso gozaba. Y demuestra que los inquisidores no creían tener delante de sí a un hereje avezado que debía ser perseguido despiadadamente.

Sin embargo, el proceso no transcurrió como Galileo esperaba. Aunque se sentía del lado de la justicia y de la Iglesia porque, a su juicio, no había defendido la teoría copernicana sino que se había limitado a exponerla, la Inquisición opinaba otra cosa. Según sus críticos, no sólo había tomado partido por Copérnico, sino que además creía en la doctrina del movimiento de la tierra. Galileo trató de disculparse: su vanidad de científico lo había hecho excederse y esperaba que le perdonasen ese error. No obstante, de las profundidades de los archivos papales apareció un documento de 1616 que agravó la situación. Según ese documento, que no tenía firma, Galileo había jurado no sólo no defender las tesis copernicanas sino no discutirlas en absoluto. Él, por su parte, presentó otro documento del inquisidor de aquel entonces según el cual se le permitía discutir las tesis siempre y cuando no tomara partido por ellas. Dado que las actas eran contradictorias, los inquisidores decidieron no continuar con la acusación, y pareció que Galileo se salvaría con una simple penitencia.

No obstante, el trato benevolente para con el físico florentino terminó despertando oposición en la curia romana. Entonces el Papa se unió a esta actitud más severa, y la Inquisición exigió a Galileo que confesara haber hecho propaganda de la teoría de Copérnico sin autorización, lo que éste aceptó voluntariamente. Además hizo constar en actas, inequívocamente, que después de haber dudado un tiempo, consideraba correcta la doctrina de que la tierra era estática y el sol se movía. El 22 de junio de 1633, en el convento romano de los dominicos de Santa Maria sopra Minerva, no muy lejos del Panteón, se pronunció el fallo, que no fue firmado por todos los inquisidores, lo cual es significativo. Galileo fue catalogado como «sospechoso de herejía», quedó bajo arresto domiciliario por el resto de su vida y se prohibió su *Diálogo* que, como material clandestino y codiciado, quedó costando doce veces más. Si bien se le prohibió manifestarse acerca de las tesis copernicanas, se le permitió seguir investigando.

En todo caso, en las actas del proceso no consta que haya sido torturado; lo más probable es que lo hubiesen eximido debido a su edad y a su estado de salud. Lo que sí es cierto es que se amenazaba con este método porque era algo obligatorio y muy eficaz. Otra imprecisión histórica es la muy citada frase que Galileo supuestamente murmuró al levantarse tras oír su sentencia: «*Eppur si muove!*» [¡Y, sin embargo, se mueve!]. No sólo no hay evidencias de ello, sino que un comentario como ese, aun cuando fuese un murmullo, habría podido costarle la cabeza, pues habría invalidado su juramento público. Y esto no concuerda en absoluto con la estrategia empleada por Galileo desde un principio de salir lo menos perjudicado posible del *affaire*. La cita es más bien un detalle de la popular imagen del científico inquebrantable que sólo se somete al látigo de la Iglesia rechinando los dientes.

Desde luego que este proceso, como cualquier proceso de la Inquisición, resulta inaudito para el hombre moderno. Pero la mirada histórica debe tener presente que en aquella época la autoridad de la Iglesia no era un simple factor anticuado de poder sino un poder con un verdadero reconocimiento. El individuo, en su mayoría, respetaba la prerrogativa de la Iglesia en lo referente a la interpretación de la esencia del mundo.

Asimismo, vale la pena extender la mirada más allá del conflicto directo con Galileo y hacia el contexto, donde encontramos, junto a la rivalidad entre la Iglesia protestante y la católica por la interpretación de la Biblia, la lucha interna entre los clérigos progresistas y los conservadores. Durante la dura contienda europea por la confesión correcta, el papa Urbano VIII, un hombre marcadamente poderoso, se había granjeado problemas internos a causa de ciertas decisiones de política exterior, por lo cual no podía permitirse la menor debilidad ni podía dejar salir impune al científico florentino. En 1633, Galileo no se libró tan fácilmente del asunto como en 1616, pero lo consiguió. Y el trato que le dio la Inquisición no sólo fue respetuoso, sino muchísimo más clemente y discreto de lo que suele decirse.

De modo que el proceso contra Galileo Galilei no fue un juicio despiadado en el que la Iglesia reprimiera sangrientamente la verdad. Y puesto que las teorías copernicanas no se habían demostrado en ese entonces, el *affaire* no puede mitificarse como un conflicto entre la fe y la verdad. Pero no fue una página de gloria lo que motivó al papa Juan Pablo II, poco después de su entrada en funciones en 1978, a rehabilitar la imagen del científico. Por otro lado, Galileo tampoco fue un intrépido luchador por una ciencia libre, como nos lo han pintado siempre, pues desde un principio intentó no meterse en problemas con la Iglesia y transigió voluntariamente al ser convocado por la Inquisición. Incluso ofreció añadir a su libro los apéndices necesarios para librarse de las inculpaciones de que propagaba la tesis de Copérnico sobre el movimiento de la tierra. El título del científico íntegro corresponde más bien a Johannes Kepler, el protestante fiel a sus principios. Galileo, en cambio, se esforzó al máximo para evitar una confrontación con la Iglesia. Y lo que finalmente lo llevó a enfrentarse a la Inquisición fue su arrogancia, al creer que, por su convicción científica, podía prescribir a los teólogos cómo interpretar la Biblia.

Luis XIV

¿«El Estado soy yo»?

Luis XIV —Rey Sol y constructor de Versalles— es probablemente, junto a Napoleón, el soberano francés más conocido. Ya sea en sentido positivo o negativo, es considerado el representante por excelencia del absolutismo, el régimen monárquico en el cual todo el poder emana del soberano. Gobernantes de primer y segundo orden de toda Europa imitaron su estilo de gobierno, ya fuera exteriormente con la construcción de palacios representativos y el entretenimiento de una Corte lujosa, o políticamente, con una pretensión absoluta de poder. La supuesta máxima de Luis XIV, «*L'État c'est moi*», sigue entendiéndose como esencia del concepto del absolutismo: el gobernante es el núcleo del poder, y su ley, determinante. Éste debe responder únicamente, además de ante Dios, ante su propia conciencia. Pero, ¿Luis XIV de Francia dijo esta frase realmente?

Tras la muerte del cardenal Mazarino, Luis XIV asumió el gobierno por completo; hecho representado en un famoso cuadro de la Grand Galerie de Versalles, en el cual el Rey sostiene en la mano el timón que simboliza los asuntos del Estado. Luis reinó como un monarca absoluto sin la colaboración de las Cortes, destituyó parlamentos y tribunales supremos y disciplinó a la aristocracia rebelde. Asimismo, mandó construir Versalles, pensado menos como el escenario de una mera ostentación y más como la manifestación programática de su pretensión de dominio.

De modo que la expresión «El Estado soy yo» parece adecuada para caracterizar el gobierno de Luis XIV, pero, ¿acaso concebía de un modo tan autocrático y arrogante su pretensión absolutista, que la frase respondía a su autopercepción?

Sus memorias, destinadas a la educación del *dauphin* (el heredero al trono francés) y elaboradas personalmente, son una especie de testamento político precoz. Y aunque es cierto que están plagadas de autoelogios, el Rey se distancia de la vanidad. Sobre la relación con sus súbditos, escribe que su respeto y sumisión no son un regalo voluntario sino más bien el «pago por la justicia y protección que esperan que les concedamos. Así como ellos deben honrarnos, nosotros debemos cuidar de ellos y anteponernos a ellos».

Luis resalta además que requiere del consejo y la oposición de otros, aun cuando finalmente tome todas las decisiones por sí mismo; un lema que seguiría durante su largo período de gobierno. No aconseja a su sucesor adoptar una actitud arrogante sin respeto a los demás, sino ser discreto y cumplir su palabra. El camino a la gloria está en la razón. A pesar de toda la magnificencia y el lujo, de la conciencia de su posición como monarca absoluto, Luis XIV es un adversario del gobierno arbitrario y despótico y se ve confrontado con las reglas y las obligaciones. La razón de Estado es el principio más elevado al que debe someterse también el monarca, quien debe ser un modelo para su pueblo y llevar un estilo de vida ético. Asimismo, en otros de sus escritos, Luis se describe a sí mismo como comprometido con sus súbditos y con Dios.

¿Concuerda entonces con este Rey el que pronunciase tal sentencia y sugiriese con ello que podía hacer todo cuanto deseara, en el sentido de un «endiosamiento repugnante» (como escribiera alguna vez un historiador) que simplemente devora el Estado? Suena poco probable, especialmente porque, según la leyenda, Luis pronunció esta frase siendo un rey joven y antes de asumir el poder por completo.

En 1655, a los dieciséis años, con su vestido de caza y su fusta, Luis XIV se presentó ante el rebelde Parlamento parisino que se oponía a los nuevos impuestos para la guerra contra

España y, según la leyenda, rechazó todas las objeciones de los allí presentes con su arrogante sentencia.

En efecto, las fuentes históricas documentan esta entrada inusual del Rey en el Parlamento, sin el previo aviso habitual y con el inapropiado vestido de caza. Otro hecho inusual de aquella aparición fue que no habló el cardenal Mazarino, como acostumbraba, sino el Rey mismo. Luis se presentó muy seguro de sí mismo, incluso se mostró arrogante, y prohibió que el Parlamento siguiera discutiendo. Sin embargo, no está claro si sus declaraciones fueron de su propia cosecha o si se las había formulado Mazarino. Pero lo que no menciona ningún testigo del acontecimiento es la famosa frase «L'État c'est moi», ni en ese momento ni en ningún momento posterior de su reinado. De todos modos, aun cuando no haya pronunciado dicha frase y ésta no respondiera a su autoconcepción monárquica, la expresión se corresponde perfectamente con su forma de gobierno y, por tanto, no debe ser suprimida ni de la historia de Luis XIV ni de la del absolutismo.

Los masones

¿Una orden secreta que pretende dominar el mundo?

*E*n el polémico siglo XVIII, especialmente, se fundaron numerosas «sociedades secretas», de las cuales la más conocida es, sin duda, la de los masones. Mientras que muchas asociaciones se establecían, existían durante un tiempo y luego desaparecían, los masones han seguido existiendo hasta la actualidad. Puesto que son discretos y reservados, les sigue rondando el rótulo de «orden secreta», y de ahí a la convicción de que realizaban secretamente todo lo posible y lo imposible: de los rituales obscenos hasta la planificación de atentados hay un solo paso. Asimismo, se mantienen férreamente los rumores sobre la presunta misión que los masones asumieron y que intentan llevar a cabo desde su fundación: nada más y nada menos que dominar el mundo, una sospecha que se sigue evocando desde su fundación a principios del siglo XVIII hasta hoy. Pero ¿qué pasa realmente con los masones? ¿Y cuán cierto es su plan de dominio mundial?

En primer lugar, el adjetivo «secreto» nos lleva a una pista incorrecta pues, según los usos semánticos del siglo XVIII, en la mayoría de los casos significa «privado» o «particular», en el sentido de que no tiene que ver con el Estado. En ese entonces no existía ningún derecho de reunión como el de nuestras democracias actuales. Las sociedades secretas trabajaban discretamente y sólo eran aceptadas por el Estado si se mantenían al margen de la política y no llevaban a cabo actividades indeseadas que los enajenase de la autoridad absolutista. Hoy en día, las logias de los masones son asociaciones registradas legalmente, aun cuando sus rituales y tradiciones sigan siendo altamente simbólicos y vistos como misteriosos e incluso ocultistas. Además, en la actualidad, los masones ejecutan trabajos públicos, convocan reuniones abiertas e incluso están representados en Internet. En las sociedades libres del mundo occidental, hace mucho que sus miembros no ocultan su vinculación.

No obstante, el hecho de que los masones no le hagan mucho bombo a esta vinculación es algo que suele percibirse como sospechoso. Anteriormente era una cuestión de necesidad debido a la enemistad que producían en muchos bandos; actualmente radica más en el hecho de que sus miembros, masculinos por lo general, conciben su masonería como un asunto privado que no tiene por qué ser público. Y aun cuando obren para el público en general, se mantienen en reserva, pues de lo contrario contradecirían su razón de ser.

La primera gran logia masónica se fundó en Londres, en 1717, dentro de la tradición del gremio de los albañiles y picapedreros de la Edad Media y el Renacimiento, y creó una constitución con los llamados «viejos deberes», según los cuales los miembros se comprometían a adoptar una conducta éticamente irreprochable y de tolerancia frente a otros hombres, religiones e ideologías. Después se fueron fundando cada vez más logias en otros países, y entre sus miembros encontramos importantes hombres de la política, la filosofía, el arte y la ciencia, desde Goethe hasta Mozart y Montesquieu, desde Herder hasta George Washington y Gustav Stresemann. En este sentido, la influencia de los masones en el desarrollo mundial no fue insignificante, pues muchos impulsos vinieron de ellos, aunque como individuos y no como proyecto de una orden secreta. En Francia, sobre todo, hubo muchos masones que se contaron entre las mentes más importantes de la Ilustración, el liberalismo, el humanismo y la democracia; en la Italia del siglo XIX trabajaron por la unificación de la nación.

Mientras que gobernantes ilustrados como Federico el Grande, Rey de Prusia, y Francisco I de Austria se contaron entre sus miembros, los últimos soberanos absolutistas europeos veían a los masones con mucho recelo. El viejo orden no preveía ni la mayoría de edad ni la igualdad de sus súbditos y, por tanto, se veía amenazado por la orientación librepensadora de los masones. La Iglesia católica se vio igualmente agredida, sobre todo porque la masonería se había fundado en la Inglaterra protestante. De modo que el Papa excomulgó a los masones y en los círculos eclesiásticos se difundió la idea de que se trataba de una nueva secta herética que tenía a la Iglesia católica en el punto de mira. Tanto en España y Francia como en Alemania aparecieron innumerables tratados y panfletos contra los masones, en los que rápidamente se los relacionó con los judíos, con quienes se dijo que planeaban una conspiración mundial. Esto se vio favorecido por el ideal de tolerancia de los masones, que admite la participación de hombres de todas las clases, naciones y religiones.

Este rechazo de las ideas libres, liberales y tolerantes se fortaleció a raíz de la Revolución Francesa en 1789. En Alemania, especialmente, había un gran temor ante una revolución imponente, y la propaganda empezó a tildar a los masones, y a veces a los bávaros militantes de órdenes prohibidas ya en 1785, de ser los cerebros de la Revolución. El término «masón» se convirtió entonces en insulto de los adversarios de la Revolución y la Ilustración.

Así, las acusaciones de conspiración masónica encontraban demanda cada vez que los procesos políticos, sociales o económicos no eran bienvenidos. Bien podía imputársele a Napoleón, que quería recuperar el poder desde el exilio con ayuda de los masones, o a la Internacional Socialista, establecida por los masones. También se los acusó de participar en el liberalismo alemán del siglo XIX y en la Primera Guerra Mundial. Y el rechazo a la modernización y la industrialización en el siglo XIX se manifestó, entre otros, en la conjura de la «amenaza masónica».

No obstante, el rechazo irreflexivo suele ser una reacción común ante asuntos molestos o incomprensibles y, por tanto, de apariencia amenazante. Lo que «no debe ser» viene siempre de fuera o de lo desconocido y lo distinto. Eso ya tuvieron que padecerlo tanto los primeros cristianos en Roma como los judíos europeos de la Edad Media, y es un patrón que perdura hasta la actualidad. No en vano se identificó a los masones con los judíos, lo cual culminó en la teoría insostenible de la «conspiración judía» de los llamados *Protocolos de los sabios de Sión* y de la propaganda nazi, al imputarles a ambos la creación de una alianza para dominar el mundo. Por más infundadas que sean estas teorías conspirativas, se las sigue insinuando en la actualidad.

En todo caso, lo que demuestra la insostenibilidad de estas inculpaciones es que, además de que salen a relucir según convenga, nunca se presentan evidencias. Los indicios de una conspiración únicamente cobran sentido al ser malinterpretados de antemano de acuerdo con las acusaciones. Una conspiración mundial no concuerda con los ideales de los masones; su discreción tiene otras razones. Por último, la masonería no es una organización internacional y centralizada. Las grandes logias son independientes, aun cuando estén comprometidas con unos ideales comunes, se reconozcan y cooperen entre sí.

De modo que al dejar de lado las teorías y las acusaciones, lo que queda de esa Orden Masónica rodeada de misterio es una sociedad reservada, pero en absoluto sospechosa, de librepensadores y humanistas que se preocupan desde hace casi tres siglos por la tolerancia, la humanidad y la Ilustración. No hay rastro de ningún afán de dominio mundial, y si acaso hay rastro de alguna conspiración es en el sentido de una «conspiración por el bien», como escribiera alguna vez un masón alemán. Simplemente.

El alemán como lengua universal

¿Fracaso por un voto?

Después de la Segunda Guerra Mundial, el inglés se convirtió en el primer idioma universal. Al saber inglés, por lo general, uno se defiende en muchas partes del mundo y tiene más posibilidades de ascender profesionalmente que con otros idiomas. Si bien el castellano ha crecido como lengua universal durante las últimas décadas, no ha podido disputarle el primer puesto al inglés. Otros idiomas europeos de escala mundial son el portugués, el francés y, por último, el alemán, que juega un papel importante en Europa.

Sin embargo, persiste la idea de que el alemán estuvo a punto de convertirse en la lengua más importante en lugar del inglés. A finales del siglo XVIII, en el Congreso de los Estados Unidos, el alemán habría fracasado por un solo voto en la elección que lo habría convertido en el idioma de ese país.

Puesto que la cantidad de inmigrantes alemanes era grande, y su influencia, importante, el inglés habría ganado por muy poco. Irónicamente, habría sido un hombre de origen alemán quien, con su voto por el inglés, habría frustrado la carrera mundial de su lengua materna. Pero, ¿es cierta esta historia de la «cuasicarrera» de la lengua alemana en Estados Unidos y el mundo?

Es de suponer que los primeros alemanes llegaron al continente norteamericano a principios del siglo XVII, cuando se fundó la colonia Jamestown en Virginia, aunque no es seguro, pues los colonos alemanes solían ser identificados como «*dutch*» por la semejanza lingüística* y, por tanto, es difícil diferenciarlos de los neerlandeses. Lo que sí es seguro es que Peter Minuit/Minnewit, de Wesel am Rhein y primer gobernador de Nueva York (Nueva Amsterdam, en aquel entonces), era alemán.

Sin embargo, la mayoría de los inmigrantes alemanes llegaron a la sexta colonia británica: Pensilvania. El año 1683 —año en que el *Concord* (conocido como el «*Mayflower* alemán») llegó a Filadelfia y trece familias provenientes de Krefeld fundaron Germantown— es considerado como el comienzo de la inmigración alemana. Según el censo oficial de 1790, entre el 8 y el 9 por ciento de la población estadounidense, de cerca de cuatro millones, era de origen alemán, con lo que conformaban el grupo más grande de los inmigrantes no angloparlantes.

En todo caso, al alemán le quedó difícil imponerse en Estados Unidos desde un principio porque, debido a la inmigración anglosajona, el inglés fue siempre el idioma dominante. Los otros idiomas sólo podían afirmarse allí donde sus hablantes componían buena parte de la población, y ése fue el caso del alemán en el siglo XVIII en Pensilvania, adonde llegaron cada vez más alemanes desde 1730. Sin embargo, los inmigrantes alemanes no componían la mayoría: nunca fueron más de un tercio de los habitantes de Pensilvania, aunque, en algunos condados, tres cuartos de la población eran germanoparlantes.

De modo que la historia de la reñida elección del inglés como lengua nacional de los Estados Unidos es falsa porque, a escala nacional, los inmigrantes alemanes fueron siempre una minoría que no habría podido imponer su lengua contra la mayoría anglosajona. Pero, ¿qué sucedió en Pensilvania?

Según una versión moderada de la leyenda, en este estado hubo una votación por la lengua oficial. Y puesto que el inglés y el alemán obtuvieron la misma cantidad de votos, el que definió la victoria del inglés fue precisamente el del presidente: Frederik August Mühlenberg, de origen alemán.

* Alemán es «*deutsch*» en alemán. (*N. de la T.*)

Frederik August Mühlenberg (1750-1801) pertenecía a una importante familia de Pensilvania. Su padre, Heinrich Melchior, llegó a Norteamérica en 1742 y fundó la Iglesia luterana de Estados Unidos. Además de teólogos, de la familia salieron también un general de la guerra de la Independencia y varios políticos, a los que perteneció Frederik August.

El influyente Mühlenberg no sólo fue presidente parlamentario en Pensilvania varias veces sino también, después de la guerra de la Independencia, diputado del Congreso en Washington durante varios años y primer portavoz de la Cámara de los representantes de Estados Unidos. Sin embargo, en ninguno de los documentos de las numerosas asociaciones de las que fue miembro consta que haya jugado el papel poco glorioso que se le atribuye. Es más, el Parlamento de Pensilvania nunca tuvo que someter a votación el que el alemán reemplazase al inglés como lengua oficial. No obstante, Mühlenberg tomó una decisión impopular, relacionada con otro asunto, que le granjeó muchas críticas y selló el fin de su carrera como diputado del Congreso. De ahí debe de haber nacido el rumor de que los *germans* de Pensilvania habían fracasado por muy poco en el proyecto de convertir su lengua materna en la número uno de su estado.

De todos modos, en Pensilvania se hicieron varios intentos por revalorizar el alemán. El más grande de ellos fue la decisión tomada en 1778 por la asamblea legislativa de Pensilvania de publicar sus protocolos no sólo en inglés sino en el mismo número de copias en alemán. Esto mismo sucedió en otros estados con una minoría importante de colonos de origen alemán, y desde la revolución estadounidense, en los juzgados de Pensilvania empezaron a contratarse intérpretes alemanes. Allí, al igual que en Ohio, los habitantes de origen alemán se impusieron en el siglo XIX de tal forma que el alemán tuvo que incluirse como segundo idioma de enseñanza. Entre 1836 y 1837, los habitantes de origen alemán refortalecieron su lengua en Pensilvania, donde se permitió la creación de futuras escuelas exclusivamente germanoparlantes y las leyes más importantes empezaron a publicarse en inglés y en alemán.

Pero, aparte de esto, no se tomaron más disposiciones significativas en beneficio de este idioma, y mucho menos se convocó una votación en la que el inglés le ganara por un pelo.

Por último, e independientemente de las cuestiones mayoritarias, los inmigrantes alemanes no componían un grupo homogéneo: profesaban confesiones muy diversas y venían de un país parcelado en innumerables y pequeños estados. Estas circunstancias favorecieron su rápida asimilación, por lo que la mayoría de las familias ya eran bilingües hacia finales del XVIII y el alemán se restringía al contexto familiar.

El príncipe Potemkin

¿Un simple tramoyista?

*L*os términos y las expresiones con una referencia histórica no son nada excepcional, y cuanto más popular sea su uso, más férreamente se impone su pretendido contenido histórico en la conciencia general. Esto es especialmente aplicable en la expresión «pueblos de Potemkin», que se emplea cuando una afirmación sospechosa o un supuesto hecho se presenta con una fachada detrás de la cual, si se mira con atención, no hay nada.

El trasfondo de la expresión es relativamente conocido: según cuentan, el príncipe Potemkin, protegido de Catalina II de Rusia (1729-1796), mandó instalar fachadas de casas y botes de madera disfrazados de pesados buques de guerra durante un viaje de inspección de la emperatriz para engañarla en lo referente al verdadero estado de sus tierras y sus fuerzas de combate. Pero, ¿acaso esta imagen y la expresión difamatoria hacen justicia a los hechos y al personaje?

Potemkin (1739-1791) es conocido especialmente como uno de los numerosos amantes y favoritos de Catalina la Grande, cuya protección lo hizo ascender rápidamente tras el derrocamiento del zar, en el que participó. Desde 1776, Potemkin se desempeñó como príncipe del Imperio y finalmente obtuvo el rango de mariscal de campo. Como gobernador general de Nueva Rusia, fue responsable de las nuevas provincias del sur y defensor de una de las políticas de expansión contra el Imperio otomano, razón por la cual sus provincias debían ser pobladas, fomentadas y edificadas masivamente.

La difamación del príncipe debido a la presunta fachada de cartón se remonta a un viaje a las provincias del mar Negro emprendido por la emperatriz rusa a principios de 1787 junto con su aliado, el archiduque austriaco José II. Entre 1774 y 1783, Catalina había expandido Rusia hacia el sur, desafiando con ello al Imperio otomano. Y con el llamado «viaje a Táuride», preparado durante años, escenificado suntuosamente y emprendido con un gran séquito, quería exhibir el poder y la gloria de Rusia, pues además del archiduque austriaco participaron también los embajadores de Francia e Inglaterra. El viaje, que se realizó desde Kiev por el río Dniéper hasta la península de Crimea, pasando por las diversas ciudades recién fundadas hasta llegar a Sebastopol, se convirtió en un triunfo tanto de la emperatriz como del príncipe, gobernador de la zona y guía del viaje, pues presentaron una Rusia fuerte y próspera a los demás viajeros y por ende a la opinión pública europea.

En efecto, el príncipe Potemkin había gestionado una amplia política de reconstrucción para impulsar el desarrollo del sur de la actual Ucrania, y el resultado había sido muy exitoso, ya que unos pocos años después pudo invitar a su zarina a este viaje. A los augustos soberanos se les presentaron edificios y parques maravillosos, se habían reconstruidos pueblos enteros, y las numerosas obras daban testimonio de una intensa construcción en las ciudades. Pero el remate de la visita fue, gracias a la eficaz demostración de poder, la presentación de la nueva armada del mar Negro en Sebastopol. El despliegue militar se complementó con maniobras en mar y en tierra, y la flota estatal logró su cometido al demostrarle a José II su potencial de amenaza, pues éste, en su calidad de aliado de Catalina, pretendía impedir una campaña rusa contra los turcos.

Sin embargo, la expresión crítica sobre los pueblos de Potemkin no fue acuñada por uno de los viajeros sino por un diplomático sajón en la Corte rusa, Georg von Helbig, quien escribió una biografía del príncipe que fue publicada en varios idiomas a principios del siglo XIX. El rumor malicioso de la pretendida fachada había empezado a circular antes por la Corte, y Helbig se encargó de aderezarlo, pues ya no se hablaba sólo de pueblos enteros de cartón y barcos de madera podrida, sino de deplorables masas de siervos que eran trasladados de un sitio a otro para interpretar a los habitantes de las aldeas falsas: «Uno creía ver pueblos a cierta distancia, pero las casas y las torres de las iglesias sólo estaban pintadas sobre tablas. Otros pueblos cercanos acababan de ser construidos y parecían habitados. Los habitantes dejaban sus hogares al anochecer y viajaban a toda prisa por la noche a otros pueblos en los que, a veces, moraban sólo unas cuantas horas, hasta que la emperatriz había pasado. [...] Manadas de vacas eran trasladadas de un lugar a otro por la noche, y la monarca contempló las mismas hasta unas cinco o seis veces». Potemkin habría malversado cantidades gigantescas de dinero, según Helbig, quien azuzó con ello el cotilleo de la Corte sin proporcionar ninguna prueba.

La misma Catalina e incluso sus acompañantes franceses se mostraron indignados al oír los rumores calumniosos y cuestionaron su veracidad.

No obstante, hubo otros que los continuaron y readornaron: Potemkin habría dejado morir de hambre a los campesinos que habían sido llevados de un lado a otro para impresionar a la emperatriz. Si bien es cierto que para entonces había hambrunas, éstas no estaban directamente relacionadas con la política de Potemkin; y un vistazo a los balances de cuentas desvirtúa la afirmación de que se malversaron dineros del Estado. Asimismo, las dudas sobre las obras de Potemkin eran completamente infundadas. Poco después de la muerte de Catalina, otro que manifestó la misma opinión fue su médico de cabecera, Adam Weikard, a quien poco después se le sumó el dramaturgo August von Kotzebue. El relato de Weikard no se destaca tanto como el de Helbig, pero retoma el engaño de Potemkin, por el que, claramente, no sentía gran simpatía: «Se entiende que en las partes donde fue llevada la emperatriz todo, paredes, muros, portones, empalizadas, estaba en excelente estado. En otras zonas, los portones no tenían ni una sola piedra, o los muros se habían desplomado por pedazos. Los grandes que se dejan pasear entre la pompa nunca llegan a ver su tierra como realmente es, sino como uno quiere que la vean».

Pero Potemkin había hecho un buen trabajo, aunque sus planes ambiciosos y costosos no se cumplieran a toda escala. Y aunque es probable, y comprensible, que presentara como acabadas algunas cosas que estaban sin terminar, así como sin duda lustraría minuciosamente cada estación del viaje para impresionar a la zarina y a sus acompañantes, era imposible pasar por alto lo que se había hecho en el sur del Imperio en el plazo de unos pocos años. Esto lo confirman otros viajeros que recorrieron el sur de Ucrania en años posteriores y quedaron muy impresionados por las obras colonizadoras del príncipe. En la guerra contra los turcos, que empezó poco después del «viaje a Táuride», las obras de Potemkin demostraron ser cualquier cosa menos de cartón. Después de todo, Rusia derrotó a Turquía en buena parte por la fuerte armada de Potemkin y sus ciudades fortificadas.

Catalina II, la princesa alemana de Anhalt-Zerbst que se convertiría en la poderosa emperatriz de Rusia y expandiría notablemente el Imperio, fascinó incluso a sus contemporáneos. Después de su muerte, muchos escritores describieron su vida, algunos con más sustancia que otros, otros con más sensacionalismo que algunos. Y en estos relatos jugaron un papel muy importante los amores de la mujer que derrocó a su marido a sangre fría para dominar Rusia por su cuenta; para lo cual, a los ojos de sus contemporáneos y de la posteridad, cayó en la dependencia fatal de variados favoritos que se aprovecharon de su debilidad femenina y la utilizaron para su propio beneficio. Otro tanto consiguieron los serios prejuicios de la Europa ilustrada sobre Rusia, un país fragmentado y plagado de contradicciones a los ojos de los observadores occidentales. En efecto, el famoso «viaje a Táuride» reveló claramente a los viajeros la oposición entre la opulencia de la Corte y la miseria de la población común y corriente. Y este contraste, que indignaba a los europeos occidentales, puede haber contribuido a la valoración simplista de que la obra de Potemkin estaba hecha de puro cartón.

Actualmente, los relatos de seres resentidos como Helbig, Weikard y Kotzebue siguen encontrando aceptación en la mayoría de las biografías, y la expresión «pueblo de Potemkin» sigue siendo popular a pesar de la tergiversación de su trasfondo histórico.

La Revolución Francesa

¿Ninguna toma de la Bastilla?

*T*odos los años, en verano, Francia celebra su día de fiesta nacional. El presidente de la orgullosa República ofrece un desfile militar por los Campos Elíseos y el pueblo celebra en diversas fiestas y bailes, generalmente bajo cielo abierto, el día en que el pueblo revolucionario tomó la temida cárcel estatal de la Bastilla: el 14 de julio de 1789. En 1847, el historiador Jules Michelet escribió sobre este día heroico, sobre lo inexpugnable de la fortaleza y sobre la inspiración colectiva que provocó la audaz decisión del pueblo parisino de conquistar la Bastilla: «El mundo entero conocía y odiaba la Bastilla. Bastilla y tiranía significaban lo mismo en todos los idiomas. Todas las naciones se sintieron liberadas con la noticia de su destrucción». En 1880, el 14 de julio fue declarado día de fiesta nacional francesa.

La toma de la Bastilla tiene su lugar en la memoria colectiva como el acontecimiento clave de la Revolución Francesa, cuando el levantamiento de las masas anunció la llegada de la Edad Moderna. «¡A las armas, ciudadanos!», insta también la Marsellesa, el himno francés. Pero tan incorrecta es la imagen que nos hemos hecho de los sucesos del 14 de julio como universal es el significado de la Revolución Francesa y simbólica la caída de la Bastilla.

En resumen, el cuadro es más o menos el siguiente: la Revolución empezó el 14 de julio, cuando casi mil parisinos asaltaron la fortaleza de la Bastilla porque ésta representaba, como ninguna otra institución de la ciudad, al odiado régimen. Unos cien hombres perdieron la vida por los cañones que dispararon sin piedad sobre el pueblo desde el bastión, y hubo la misma cantidad de heridos. Pero los insurrectos, que no se dejaron amedrentar, asaltaron la Bastilla y liberaron de las mazmorras enmohecidas a los numerosos presos, todos ellos víctimas inocentes del Rey y del despotismo. Los asaltantes fueron glorificados como héroes por el pueblo y recibieron, desde entonces, una pensión honoraria por su participación en la causa de la Revolución. He aquí una imagen que encaja perfectamente en la leyenda de un día que hizo historia, no sólo para Francia, sino para el mundo entero y hasta la actualidad. Sin embargo, esta imagen es cualquier cosa menos precisa, pues los acontecimientos del 14 de julio, si bien fueron dramáticos, fueron mucho menos heroicos.

En primer lugar, en 1789, la Bastilla había dejado de ser hacía un buen tiempo la temida prisión que la hizo pasar a la historia. Sus reclusos eran más bien personajes distinguidos que podían llevar una vida bastante agradable dentro de la fortaleza, razón por la cual los habitantes humildes de París sentían mucho más temor ante otras prisiones. A lo largo de los años, en la Bastilla hubo una serie de presos famosos, entre ellos el Marqués de Sade y Voltaire, quien escribió allí dos de sus obras. Estos dos presos prominentes representan a los dos grupos de detenidos en la Bastilla: prisioneros políticos como Voltaire, cuyos textos eran vetados por la censura, y aristócratas como el Marqués de Sade, cuya conducta resultaba escandalosa. La mayoría de estos reclusos acomodados podía vivir decorosamente en la Bastilla, en habitaciones decentes, con criados y disfrutando de libertad de movimientos. Recibían las visitas de sus amigos y esposas, eran atendidos con buenas comidas y diversas comodidades e incluso se les permitían salidas reglamentadas. La duración del castigo solía ser menor de un año, y el hecho de estar detenido en la Bastilla no era considerado denigrante en absoluto. El reducido número de presos liberados se explica por el hecho de que, en los años previos a la Revolución, la arbitrariedad de la justicia francesa había disminuido mucho.

Fueron concretamente, y especialmente, los intelectuales detenidos en la Bastilla los que más contribuyeron a la creación del mito, en las décadas previas a la Revolución, al convertirla en el símbolo del despotismo estatal, donde imperaba un régimen despiadado e indigno del ser humano.

Por otra parte, las temidas mazmorras habían dejado de usarse desde hacía más de un siglo. La Bastilla, que alguna vez había pertenecido a la muralla de la ciudad, contaba con ocho torres de 23 metros de alto que se alzaban sobre las anchas acequias, además de un bastión piramidal. La fortaleza pétrea parecía una reliquia en medio de las viviendas que la rodeaban puesto que la ciudad se había extendido más allá de sus antiguas fronteras

No obstante, la Bastilla era cualquier cosa menos inexpugnable, y en los siglos anteriores había sido asaltada varias veces tras breves asedios. No era una fortaleza infranqueable: en el patio delantero, que estaba integrado en el barrio, había desde restaurantes hasta fabricantes de pelucas y comerciantes de perfumes. Incluso sus quince cañones habían perdido su carácter marcial y sólo se utilizaban en ocasiones solemnes para las descargas de saludo.

Es más, los días de la Bastilla estaban contados aunque no hubiera existido la Revolución. Como la prisión no se utilizaba casi y el mantenimiento era demasiado costoso, se había planeado su demolición e incluso había varios proyectos para una reconstrucción del distrito.

Asimismo, el objetivo principal de los asaltantes de la Bastilla no era la liberación de los presos, de quienes probablemente no se sentían muy cercanos. El Marqués de Sade, quien no gozaba de las simpatías de los insurrectos por su conducta altamente sospechosa, estuvo muy cerca de contarse entre los liberados, pero en esos días había sido trasladado a un manicomio tras intentar incitar a los ciudadanos que rodeaban la prisión con el grito «¡Aquí dentro matan a los prisioneros!».

La verdadera razón del interés estaba en los quince cañones. El dócil gobernador de la Bastilla, De Launay, había recibido esa mañana a una delegación que exigió la entrega de los cañones porque éstos atemorizaban a la población. De Launay se negó porque no estaba autorizado para hacerlo, pero mandó sacar los cañones de las troneras de las torres. Incluso permitió que la delegación inspeccionara las torres y dio órdenes de no disparar. Los negociadores se dieron por contentos y se marcharon tras una copa de vino. Pero entonces los siguió una segunda delegación que, sin previo acuerdo con la primera, exigió la rendición de la fortaleza.

Después de los sucesos de los días anteriores, y más aun desde el saqueo del Hôtel des Invalides, la muchedumbre armada y excitada no estaba nada contenta al presentarse ante la Bastilla esa mañana, por lo que se precipitó hacia el patio delantero y exigió más. Un antiguo soldado consiguió entrar en el segundo patio y rompió las cadenas del puente, que cayó, pero la verdadera fortaleza estaba realmente protegida por un segundo puente levadizo. La multitud siguió avanzando, y el gobernador dio entonces la orden de disparar. La consecuencia fueron muertos y heridos y el repliegue de los asaltantes, que sospecharon que el gobernador les había tendido una emboscada. Esta sospecha cundió con la rapidez del rayo, y la muchedumbre cada vez más grande y enardecida encontró motivos para atacar. Ya no importaban los cañones amenazantes o el posible arsenal almacenado allí. Ahora era una cuestión de principios, y la Bastilla se convirtió entonces en el símbolo que hizo de este suceso el más importante del comienzo de la Revolución: el símbolo del despotismo.

Los líderes de la milicia ciudadana retomaron las negociaciones, y el gobernador de la Bastilla volvió a ceder, pues claramente quería evitar un derramamiento de sangre. No obstante, y pese a las banderas blancas que ondeaban en ambos lados, hubo disparos desde la fortaleza. Cuando unos soldados dispararon sobre los asediadores, el asunto pareció definirse finalmente: la Bastilla debía caer. La clara determinación de la multitud llevó al gobernador a hacer un último esfuerzo al exigir una retirada libre y amenazar con que, de lo contrario, se prendería fuego a sí mismo junto con sus hombres y todas las provisiones de pólvora de la fortaleza. Suponiendo que la retirada era un hecho, los soldados abrieron el portón. Entonces la muchedumbre se abalanzó al interior, desarmó a las tropas y capturó a los soldados. Después buscaron a los reclusos.

Wilhelm von Wolzogen, quien estaba estudiando arquitectura en París en la época de la Revolución, describió los acontecimientos del 14 de julio en su diario: «Hasta ahora, uno creía que éste era uno de los fuertes más resistentes e impenetrables y que sólo podría tomarse con un bombardeo incesante; su mero carácter bastaba para corroborar esta idea. Acostumbrada a no encontrar nunca resistencia, y con la esperanza de que quienes estaban dentro tomarían partido por ella, una tropa de ciudadanos armados avanzó sin el menor orden ni concierto. El gobernador de Launay izó la bandera blanca, pero también mandó que los cañones lanzaran algunos disparos de plomo molido, que sin embargo no causaron daños porque la gente ya estaba muy cerca y debajo de los cañones. En la Bastilla yacían los inválidos, que dispararon con fusiles desde las troneras, pero esto tampoco causó muchos daños».

De modo que sí hubo una toma. Pero, ¿cuán heroica, si ocurrió ante una resistencia cada vez menor y cuando ya no había necesidad de recurrir a la violencia? Los rumores y una turba armada y desenfrenada fueron los que determinaron el desarrollo de los sucesos de la Bastilla, tal como tendería a ser el caso durante la Revolución. Balance de la acción: la turba sanguinaria asesinó a siete soldados y linchó al gobernador de la Bastilla, pese a su actitud condescendiente.

Sin embargo, la opinión histórica no se equivoca en cuanto a lo fundamental: la toma de la Bastilla tuvo un gran valor simbólico para la fase inicial de la Revolución. Y un efecto eficaz: el Rey transigió, cumplió exigencias de los insurrectos y aceptó a la Asamblea Nacional como una autoridad que debía ser tomada en serio.

Después de todo, el testigo presencial Wilhelm von Wolzogen no se equivocó en su valoración de los hechos, que consignó en su diario ese mismo día: «Con seguridad, la toma de la Bastilla causará revuelo en Europa, y será atribuida al honor de los franceses y vista como una gran muestra de su coraje.

Pero si se sabe que lo hicieron sólo para apoderarse de los cañones, sólo para ejercer violencia, si se sabe que el plan de liberar a los presos y destruir el recinto surgió sólo después, y por tanto, no podía estimularlos durante la toma, entonces el elogio ya no valdría».

María Antonieta

¿«Que coman pasteles»?

*N*inguna otra reina de Francia ha sido tan odiada como María Antonieta, hija de la archiduquesa de Austria María Teresa y esposa del desventurado rey Luis XVI, ambos ejecutados durante la Revolución Francesa en 1793. Nuestro conocimiento sobre María Antonieta suele limitarse a una frase que parece expresar en tres palabras cuán presumida, mimada y apartada de la realidad se mostraba esta reina, además de ignorante respecto a las necesidades de su pueblo. Según cuentan, ante la cautelosa advertencia de un cortesano de que el pueblo no tenía pan debido a las malas cosechas y los problemas de abastecimiento, María Antonieta habría contestado: «¡Pues que coman pasteles!». En Francia, sobre todo, generaciones de profesores de historia enseñaron a sus alumnos que María Antonieta fue una mujer consentida y frívola que indujo al débil Rey a tomar decisiones equivocadas con sus innumerables intrigas.

Incluso antes de la Revolución, la situación de María Antonieta en Francia no era precisamente fácil. Había llegado de Viena a la Corte francesa en 1770, con motivo de la unión dinástica entre Francia y Austria tras siglos de enemistad, aunque no como primera Habsburgo que se convertía en reina de Francia. Hacía apenas un par de décadas se había logrado una alianza con Austria, y el matrimonio del *dauphin* francés con la hija de la archiduquesa de Habsburgo fortalecería a Francia en la política exterior. Pero la joven austriaca fue recibida con recelo y tuvo más dificultades para afirmarse que otras esposas de reyes franceses, pues había quienes consideraban que los beneficios políticos de la unión eran mucho mayores para Austria; a fin de cuentas, el Imperio había conseguido darle así un golpe a su enemigo jurado, Prusia. A esto se le añade que la dinastía de los Habsburgo estaba por encima de la de los Borbones de Francia, lo cual no podía ser del agrado de la orgullosa y arrogante aristocracia francesa.

Aun antes de casarse, la joven pareja había caído en una red de intrigas en la que estaban en juego diversos intereses: nobles franceses que no podían sacarle ningún provecho a la unión real con una Habsburgo; diplomáticos austriacos que espiaban para María Teresa y presentaban sus observaciones de una forma determinada; cortesanos, ministros y demás que querían ganar influencias de cualquier modo y por cualquier motivo. Las opiniones sobre María Antonieta y Luis quedaron especialmente marcadas por los testimonios de estos personajes intrigantes. Y antes de que Luis asumiera su reinado, se añadieron otros asuntos de política exterior: puesto que Francia se sentía aliada con Polonia, la separación política de 1772, de la que se benefició María Teresa de Austria, no significó precisamente un alivio para la situación de María Antonieta en París. Otro elemento que alimentó las reservas fue que, mientras Luis hizo evidente un estilo de gobierno propio y una discreción inusitada como Rey, María Antonieta, como reina, desempolvó la rígida etiqueta de la Corte de Versalles, lo que le granjeó el rechazo de muchos personajes con influencia y audiencia, aun cuando lo que se decía no se correspondiera en absoluto con los hechos. «L'Autrichienne», como la llamó despectivamente la Corte primero y después el pueblo, había caído irrevocablemente en el descrédito. No obstante, desde de la boda, se sintió como francesa y actuó conforme a su nuevo hogar, y siguió la recomendación de su madre de mantenerse al margen de la política durante un buen tiempo. María Antonieta era vivaracha y orgullosa; Luis era formal, aplicado y cualquier cosa menos carismático, y ambos se granjearon enemigos incluso entre aquellos de quienes dependían.

A esto se añadió el hecho de que María Antonieta tardó siete años en cumplir su supuesta tarea principal de engendrar herederos; bastante tarde a los ojos de muchos observadores. Pero la esterilidad de la joven pareja se explica fácilmente por la educación mojigata de ambos; a los inhibidos esposos les costó acercarse, y el matrimonio sólo se consumó tres años después de la boda, para cuando María Antonieta tenía apenas catorce años.

Además, no estaban únicamente las intrigas de los cortesanos. Incluso el hermano de María Antonieta, José, archiduque de Austria, se dejó enredar por los enviados de la Corte que le decían que Luis era débil, que se dejaba dominar por su mujer y que, por eso, tomaba decisiones erróneas y de graves consecuencias políticas.

Por otra parte, el sentimiento popular contra la reina empezó a alimentarse desde antes de la Revolución. El primer panfleto impreso, aparecido en 1773, aludía a su origen austriaco, supuestamente desastroso para Francia. Poco después empezó una verdadera campaña de desprestigio que la acusaba de tener relaciones extraconyugales. A veces se hablaba de amantes cambiantes, otras, de su avidez sexual o de sus presuntas inclinaciones lésbicas. Al heredero se le habría negado su abolengo porque Luis XVI era supuestamente impotente. El llamado «escándalo del collar», con el que María Antonieta no tuvo nada que ver, fue motivo de más murmuraciones y calumnias.

Asimismo, durante la fase relativamente pacífica de la Revolución, cuando la familia real residía en el Palacio de las Tullerías bajo una vigilancia estricta, y abrigaba la esperanza de sobrevivir en una monarquía constitucional, las sucias campañas contra la reina continuaron. Las viejas calumnias se revolvieron en un solo caldo, y apareció la nueva recriminación de que la reina buscaba convencer al Rey, quien ya se había conformado con un rol puramente constitucional, de reprimir la Revolución. Especialmente pérfida fue la acusación delante del tribunal de la Revolución en 1793 de que María Antonieta había mandado a imprimir los panfletos para generar compasión hacia sí misma.

El objetivo del proceso público, tras la ejecución de su marido, era mostrar la imagen de una mujer que había dominado a su esposo débil, había espiado secretamente para su hermano y había traicionado a Francia. Al mismo tiempo se expuso profusamente su presunta vida licenciosa, hasta el punto de que se la acusó absurdamente de haber cometido incesto con su hijo de ocho años. En este juicio, las afirmaciones reemplazaron a las evidencias y se hizo caso omiso de la actitud íntegra y soberana de la Reina frente a sus acusadores y de su convincente refutación de los cargos.

Esta tendenciosa imagen de la princesa de los Habsburgo y reina de Francia perduraría después de la Revolución, y su asesinato moral se prolongaría tras su muerte. Después de 1815, la Restauración describió a Luis XVI como un hombre débil que se dejó dominar por una reina arrogante, explicación con la que se disculpó a la casa real del fracaso de este Rey.

La Primera República vio más bien al Rey como culpable, aun cuando fueron sus dos predecesores quienes tuvieron una participación clave en las causas de la Revolución. Se citaba con malicia su breve entrada del 14 de julio de 1789, cuando cayó la Bastilla: «Nada», había escrito el ignorante Rey. Pero era cierto, pues se trataba de su diario de caza, y ese día no había habido ninguna. El Rey estaba claramente enterado de lo que sucedía en París, e intentó intervenir por todos los medios. El dictamen acerca de la reina también tardó en cambiar, pues la cita de los pasteles siguió considerándose como verdadera. Pero no lo es. En realidad proviene de la época de Luis XIV, y más exactamente de su mujer María Teresa, una Habsburgo española. Es más, Jean-Jacques Rousseau se referiría a esta expresión dos décadas antes de la coronación de María Antonieta.

Hasta la actualidad, María Antonieta y Luis XVI han estado a la merced de las interpretaciones de bandos opuestos, el de los monárquicos y el de los republicanos. Así que es difícil lograr una imagen equilibrada, que de todos modos no sería apetecible. Sólo hace muy poco ha empezado a hacérsele justicia a la hija de María Teresa que murió en el patíbulo del terror revolucionario bajo Robespierre.

El discurso del Jefe Seattle

¿Una audaz falacia ecológica?

*D*urante la agitación ecológica de los años ochenta tuvieron gran demanda los apotegmas indígenas que defendían la valiosa herencia de la Madre Naturaleza frente a la fuerza destructora de la sociedad industrializada. En pósteres, pegatinas y pancartas, estos dichos advertían con toda benevolencia y erudición de la necesidad de adoptar un trato responsable para con la naturaleza y sus recursos porque, de lo contrario, la humanidad terminaría destruyendo su propio hábitat y poniendo en peligro su propio futuro.

El discurso del Jefe Seattle se convirtió en una de las fuentes de apotegmas más citados. Su carácter espiritual se correspondía perfectamente con el estilo del movimiento ambientalista, a lo que había que añadir su carácter profético, pues fue pronunciado en 1854 ante el presidente Pierce de Estados Unidos. Todo esto, según la leyenda del movimiento ambientalista europeo de finales del siglo XX.

Washington, el 41° estado federal del noroeste de los Estados Unidos, se fundó oficialmente en 1889. Sin embargo, esas tierras estaban habitadas probablemente desde hacía once mil años por familias indígenas, que tuvieron que abandonarlas poco a poco por el impulso expansionista de la década de 1850. Por ahí habían pasado ya varios europeos en busca del legendario pasaje del Noroeste o tras la lucrativa caza de pieles. En 1805, el presidente Jefferson había enviado la expedición Lewis Clarke a explorar la zona, a la que le siguieron colonos y misioneros. Finalmente, en 1853, cuando Isaac I. Stevens, de 35 años, se convirtió en gobernador del territorio de Washington, la situación se hizo crítica para los nativos.

Stevens fomentó la ocupación de los colonos blancos con especial ahínco y brutalidad, sobre todo porque también se le había encomendado la construcción del ferrocarril, tan importante para el desarrollo de la región. Y una de las primeras cosas que hizo fue reunir a los indígenas y comunicarles que debían mudarse a las reservas.

Se cerraron entonces siete contratos, más o menos forzados, que seguirían generando conflictos hasta un siglo después porque las garantías ofrecidas a los indígenas resultarían ser promesas vanas.

Entre las familias indígenas de la costa de Washington, que vivían principalmente de la pesca, estaban los Lummi, los Swinomish y los Suquamish, entre otros. El fundador de la ciudad de Seattle, un buscador de oro de Illinois, la llamó así en honor al jefe Seattle, quien recibió amablemente a los blancos pero tuvo que abandonar sus tierras inmediatamente, junto con su pueblo, ante la llegada de los nuevos colonos. En todo caso, los indígenas de la costa no opusieron gran resistencia al desplazamiento impuesto por los blancos porque sus reservas se encontraban en tierras de abolengo nativo; fueron los indígenas del interior quienes se opusieron al ambicioso gobernador. Debido a la apacibilidad y a la escasa resistencia de los indígenas de la costa, éstos no aparecen casi en la historiografía, a diferencia de los Yakima y otras familias que sí declararon la guerra a los blancos.

Sabemos con certeza que el jefe Seattle de los Suquamish representó a los indígenas de la costa en las negociaciones con el gobernador Stevens y que pronunció un discurso en los preliminares de la firma del contrato de Port Elliott en enero de 1855. Lo polémico es el contenido de dicho discurso.

En primer lugar, el discurso no estaba dirigido al presidente de Estados Unidos, y tampoco se pronunció en su presencia. El jefe habló con el gobernador Stevens con motivo de la firma del contrato que sellaría el futuro de los indígenas de la costa.

También suele decirse que el jefe Seattle habló media hora, pero, la documentación es cuestionable.

La primera versión del contenido del discurso proviene de 1887, es decir, más de treinta años después del acontecimiento. En aquel entonces, un testigo blanco transcribió lo que Seattle dijo ante el gobernador. De modo que se trata de una versión que debe analizarse críticamente, pues el jefe habló en su lengua materna. Es de suponer que el testigo entendía esa lengua indígena, un dialecto del *salish*, pero no podemos saber cuán auténtica sea su versión en inglés. El hecho de que el transcriptor conociera personalmente al jefe sugiere que se trata de una versión bastante auténtica, pero no la convierte necesariamente en un protocolo confiable.

En todo caso, por más cuidado que debamos tener al valorar la autenticidad de esta transcripción, es la fuente más importante del contenido del discurso. En esta versión, la más antigua, no se habla de peligros ambientales en ningún momento, y aunque una frase podría interpretarse en ese sentido —«Cada pedazo de esta tierra es sagrado para mi pueblo»—, lo más probable es que se refiriese al hecho de que los muertos venerados estaban enterrados en esas tierras y no a la conservación de un ambiente intacto. El discurso de Seattle es más bien una triste reflexión sobre el destino de los indígenas de Norteamérica que tuvieron que ceder ante el impulso expansionista de los blancos. También es un llamado al respeto de los blancos hacia los muertos indígenas, pues según sus creencias, estos volverán a poblar la tierra mucho después de que sus familias se hayan extinguido. No obstante, y dado que los primeros habitantes de Norteamérica no tuvieron ni la menor oportunidad frente a los blancos, Seattle no se hizo ilusiones. Y murió en 1866 en la reserva de su pueblo, no muy lejos de la ciudad que fue bautizada en su honor.

El transcriptor, que publicó el discurso en el *Seattle Sunday* en 1887, antepuso al texto una semblanza del jefe, al que claramente admiraba mucho. Según ésta, Seattle tenía carisma e irradiaba autoridad cuando interrumpía su silencio habitual para tomar la palabra. Además gozaba de gran prestigio entre los blancos. También es posible que esta caracterización positiva del jefe noble y digno provenga del hecho de que muchos habitantes de Seattle no sólo no estaban de acuerdo con su gobernador en lo referente a los intereses de los indígenas sino que, además, se le oponían con frecuencia.

Esta transcripción tardía del discurso del jefe Seattle produjo distintas reacciones. En los años sesenta, el teórico literario William Arrowsmith la tradujo a un inglés más cercano a la lengua de los indígenas que la versión antigua, marcada por la cultura clásica, pero sin alterar el contenido.

La versión que tanto le gustaba citar al movimiento ambientalista, en cambio, es de un origen decididamente dudoso, y poco se parece a la versión del hombre que estuvo presente durante el discurso y que conocía tanto al jefe como las condiciones del contrato.

Esta versión más popular, y tremendamente viciada, del discurso del jefe Seattle se dio a conocer con la película ecologista *Home*, de 1972, que en algunos países incluso llegó a mostrarse en los colegios. La película hace una glorificación romántica del jefe Seattle como visionario; interpretación que resultó muy atractiva para el movimiento ambientalista porque se trataba de un supuesto profeta de la destrucción del mundo en el siglo XX, aunque esto no fuera previsible en absoluto para su época en Norteamérica. A continuación se cambió también el presunto origen del discurso, hasta que finalmente se habló de otro texto que provenía de una supuesta carta que Seattle debió de haberle enviado al presidente Pierce.

Según consta en los documentos, ninguna de estas palabras atribuidas a Seattle es auténtica, y la elaboración progresiva del material se fue distanciando cada vez más de la fuente. No obstante, esto sirvió para difundir una interpretación que no se remite únicamente a los indígenas, a saber: que los pueblos primitivos de la tierra vivían en armonía absoluta con su entorno natural y que, por ende, su relación con la Madre Naturaleza y sus recursos no estaba corrompida por la industrialización, el capitalismo y el estilo de vida de Occidente.

La guerra civil estadounidense

¿Por la abolición de la esclavitud?

*T*anto la Declaración de Independencia como la guerra civil son, sin duda, los dos acontecimientos más importantes de la historia temprana de Estados Unidos. Mientras que trece colonias británicas se independizaron de la madre patria en 1776 con la Declaración de Independencia, la guerra civil (1861-65) fue la confrontación entre los estados del Norte y los del Sur. Pero, ¿cuál fue la verdadera razón de esta guerra que se cobró más de seiscientas mil vidas y desoló buena parte del sur? ¿La libertad de los esclavos negros, la abolición de la esclavitud? Fuese cual fuere el motivo, la liberación de cuatro millones de esclavos fue uno de los resultados más importantes de esta guerra y suele relacionarse con ella. Pero el resultado y el objetivo de una guerra no siempre resultan ser exactamente lo mismo.

En las décadas anteriores a la guerra civil, la esclavitud era un motivo constante de conflicto entre el norte y los estados esclavistas del sur. Desde la abolición paulatina de la esclavitud en el Imperio británico sólo había esclavos, al menos oficialmente, en Brasil, Cuba y los estados sureños de Estados Unidos. Cuanto más a la defensiva se ponían estos últimos en lo referente a la esclavitud, más se aferraban a ella e intentaban justificar esta «institución especial», como la llamaban, de la que dependían económicamente porque su estructura agrícola y sus métodos de cultivo requerían de una mano de obra enorme.

Según la Constitución Federal, cada estado era independiente en lo referente al tema. De modo que el enfrentamien-

163

to entre norte y sur no radicaba en la cuestión de si la esclavitud debía abolirse en general, y por tanto en el sur, sino más bien en su expansión hacia las nuevas adquisiciones territoriales del oeste. Esto resultaba siendo motivo constante de conflictos que, a su vez, resultaban en compromisos que no se cumplían. Por otra parte, la actitud hacia la esclavitud en el norte no era homogénea; allí, los defensores de la abolición inmediata y definitiva, junto con los abolicionistas, eran francamente una minoría. Lo que la mayoría quería era garantizar que el sistema de la esclavitud no se expandiera para, de ese modo, erradicarla en algún momento. De modo que la igualdad de derechos de todos los grupos sociales no estaba ni cerca de entrar en la agenda.

Sin embargo, el motivo del distanciamiento entre norte y sur no era únicamente esta cuestión en particular, sino, en general, el hecho de que el norte se desarrollaba muchísimo más rápido debido a la industrialización y a una mayor inmigración. Por eso, en el tradicional sur se favoreció la idea de que una separación haría más justicia al carácter propio que la existencia dentro de una Unión en la que el norte, de mayor población y supremacía económica, marcaría el tono; es decir que el sur quería seguir avanzando por el camino conocido del cultivo de algodón y la esclavitud en vez de orientarse hacia el norte. Pero esto ya no parecía posible con la elección del adversario de la esclavitud, Abraham Lincoln, como presidente. A finales de 1860, Carolina del Sur fue el primer estado en independizarse de la Unión. Poco después le siguieron Mississipi, Florida, Alabama, Georgia, Louisiana y Texas, que formaron los Estados Confederados de América. Otros ocho «estados esclavistas», más hacia el norte, se mantuvieron a la expectativa. El norte marchó hacia el sur, y se desató una guerra despiadada.

Al comienzo, el tema clave para el presidente Lincoln no era la esclavitud sino la conservación de la Unión. Los estados renegados no tenían derecho a independizarse y debían ser recuperados a la fuerza. Por eso, en el norte se hablaba de una «guerra de rebelión» mientras que el sur, que reclamaba el derecho a la independencia, se vio abocado a una guerra defensiva. El término «guerra civil» se acordó sólo en la posguerra. Sin embargo, según la interpretación del sur, se trató de una «contrarrevolución anticipada», como la llamara el historiador estadounidense James McPherson, pues querían conservar su sistema esclavista e independizarse antes de que la Unión los obligara a liberar a los esclavos en una revolución. Vista así, esta contrarrevolución fracasó y desató la revolución contra la que se dirigía.

En todo caso, la esclavitud siguió siendo una cuestión central, especialmente porque en ella se reflejaban, como en ningún otro tema de discordia, las opiniones diversas del norte y el sur. Pero el presidente decidió pactar para no enfadar a una parte de sus seguidores, pues la opinión pública del norte esperaba, ante todo, que el sur fuera «recuperado» en una guerra breve, no que los esclavos fueran liberados como consecuencia. Y aunque condenara la esclavitud en términos morales, Lincoln declaró: «Mi meta prioritaria en esta lucha es salvar la Unión, no la abolición de la esclavitud. Si pudiera salvar la Unión sin liberar a un solo esclavo, lo haría; si pudiera salvarla y a la vez liberar a todos los esclavos, lo haría, y si pudiera salvarla y a la vez liberar a unos y a otros no, también lo haría».

De modo que el motivo decisivo del norte para declarar la guerra al sur no fue la esclavitud. No obstante, con el transcurso de la guerra, la abolición se convirtió en objetivo declarado de la Unión. Los abolicionistas radicales empezaron a ganar influencia a una velocidad sorprendente, y el futuro de la nación parecía acoplarse cada vez más a esta cuestión. En 1862, la opinión pública del norte experimentó un giro notable a favor de la abolición definitiva, detrás del cual, sin embargo, no estaba tanto el deseo repentino de la igualdad de todas las clases sociales como el de la abolición del sistema tradicional representado por el sur. Ese año, cuando el norte se había fortalecido militarmente tras algunas derrotas iniciales y el decreto no podía ser interpretado como una debilidad, Lincoln hizo pública la *Emancipation Proclamation*, que liberaba a los esclavos de los estados insurrectos. Esto fue lo que hizo de la liberación de los esclavos un objetivo declarado de la guerra, aun cuando en los estados que ya habían sido conquistados todo seguiría igual por el momento. La proclamación fue muy útil tanto militarmente como para la imagen de la Unión en el extranjero. Y la victoria definitiva del norte en 1865 posibilitó finalmente una enmienda de la Constitución en favor de los ciudadanos afroamericanos: la decimotercera enmienda, que abolió la esclavitud en todos los estados de Estados Unidos. La magnitud de esta transformación histórica quedó demostrada cuando el Congreso aprobó la propuesta con los dos tercios de mayoría requeridos. Los observadores festejaron y rieron; uno escribió en su diario que desde entonces se sentía como en un país nuevo. Entre los que celebraban había muchos negros, a los que hasta hacía poco no se les permitía entrar en el Parlamento. Pero incluso en esta hora histórica habían conseguido sólo un primer triunfo, aunque importante, en la lucha por la igualdad.

La abolición de la esclavitud fue, en efecto, uno de los resultados más importantes de la guerra civil estadounidense, aun cuando en 1861 no fuera el objetivo bélico de la Unión; así como la conservación de la esclavitud tampoco fue el móvil de los estados del sur.

Los historiadores siguen sin ponerse de acuerdo sobre las causas que motivaron la guerra civil; los análisis son casi infinitos. Incluso el presidente Abraham Lincoln, que lideró la guerra en el bando del Norte, fue cauteloso en su valoración de los hechos tras la victoria: en 1865, declaró en el Congreso que al comienzo del enfrentamiento todos tenían claro que la esclavitud había sido la causa «de algún modo». ¿De algún modo? Y aun cuando los especialistas coincidan en que la esclavitud fue una de las causas, siguen debatiéndose sobre cuánto influyó y qué otras razones intervinieron. ¿Acaso no era una guerra ineludible debido al distanciamiento entre el norte y el sur? Y a pesar de que la esclavitud fuera un factor económico incuestionable, ¿no hubo otros factores económicos más determinantes? Con buenos argumentos, esta guerra puede clasificarse como una suerte de lucha decisiva por la industrialización y la modernización de Estados Unidos. ¿Y cuán importantes fueron las diferencias culturales y sociales entre estas dos zonas de Estados Unidos de aquel entonces? Hay argumentos en favor de que había que desgarrar el país para poder afrontar el futuro, por lo que, a pesar de todos los temores, una guerra civil era tan ineludible como necesaria. ¿O acaso los políticos irresponsables llevaron al país a una guerra que habría podido evitarse?

Al igual que muchos otros procesos históricos, la guerra civil estadounidense ofrece abundante material para el debate de los especialistas sobre si lo decisivo fue la moral y los ideales, los intereses personales de la clase política o las cuestiones económicas. En cuanto a la abolición de la esclavitud, hasta hace algunas décadas estaba claro que debía agradecérsele a Abraham Lincoln. Pero las opiniones han ido cambiando hasta llegar a la interpretación que propone que los esclavos se habrían liberado por sí mismos, pues fue precisamente su huida masiva de los amos sureños hacia la libertad norteña, así como la participación de casi doscientos mil soldados negros en la causa de la Unión, lo que obligó al Gobierno de Lincoln a lidiar con el tema. En todo caso, independientemente de la distinción sutil entre motivo y objetivo bélico, entre resultado y mérito, la guerra civil fue el prerrequisito para la liberación de los esclavos estadounidenses en 1865.

Caucho

¿La potencia británica roba a Brasil?

$\mathcal{H}$acia 1900, el caucho era una materia prima tan indispensable y solicitada como el petróleo en la actualidad. Desde el descubrimiento de la vulcanización, que convierte la savia en el material estable y multiusos que es el caucho, se desarrollaron cada vez más aplicaciones. Pero fue sólo en la década de 1880, con la invención del automóvil y el neumático, cuando se disparó la demanda. Nada funcionaba ya sin el caucho en el mundo industrializado, hasta tal punto que a principios del siglo XX el mercado cauchero vivió un auge como no había experimentado ninguna otra materia prima, y sus acciones se convirtieron en unas de las más cotizadas en la bolsa de Londres. Durante décadas, Brasil fue el usufructuario principal de esta fiebre, pues la mayor parte del caucho provenía de las profundidades de la selva amazónica, hogar del árbol de caucho más importante: el *Hevea brasiliensis*. La expresión más ostentosa de las inmensas riquezas amasadas por los llamados barones del caucho es la ciudad de Manaos, en plena selva, con su Casa de la Ópera, más lujosa que las de algunas capitales europeas. El mercado de neumáticos crecía, el caucho se encarecía cada vez más, y el auge de esta materia prima brasileña no parecía tener un fin a la vista.

Sin embargo, en el mercado apareció de repente el caucho asiático, ofrecido por comerciantes británicos y hacendados de las colonias británicas del sur de Asia. Este nuevo caucho inundó el mercado, pues no sólo era más barato sino mejor que el de la cuenca amazónica, al que aventajó inmediatamente. En pocos años, la demanda del caucho brasileño decayó, la buena racha de los barones llegó a su fin y Manaos se sumió en un sueño profundo. El Reino Unido, en cambio, pasó a controlar el mercado mundial durante décadas. Sólo después de la Segunda Guerra Mundial, cuando la producción del caucho sintético ya se había industrializado, llegó el fin de este segundo auge cauchero. Aun así, un tercio del caucho que se utiliza actualmente en el mundo sigue proviniendo de las plantaciones del sur de Asia, mientras que Suramérica se ha vuelto casi insignificante como proveedor de esta materia prima.

Cuando se les habla de la riqueza cauchera de su patria a los niños brasileños en el colegio, suele enseñárseles que los británicos privaron ilegalmente a Brasil de las ganancias merecidas por la explotación de un árbol nativo. Por encargo de la Corona, un aventurero inglés habría violado la prohibición de exportar semillas de caucho, delito que se castigaba con la pena de muerte. Esto es lo que se cuenta en innumerables libros y enciclopedias serias del mundo entero.

El célebre y abominado aventurero era un joven llamado Henry Wickham, quien encontraría fama y dinero en el extranjero. Éste llevaba ya varios años infructuosos en el Amazonas cuando, en 1876, se enteró de los planes de cultivar semillas de caucho en las colonias británicas y se ofreció como recolector experto. Para entonces ya otros habían intentado llevar las preciadas semillas a Inglaterra, sin éxito, y como el tiempo apremiaba, aceptaron la oferta de Wickham, aun cuando diera la impresión de ser un fanfarrón incompetente. Sin embargo, el joven consiguió recolectar suficientes cápsulas de semillas y llevarlas intactas hasta Londres antes de que perdieran su poder germinativo. Allí, en los Royal Botanical Gardens de Kew, se cultivaron los vástagos que posteriormente serían transplantados a los diversos jardines botánicos de las colonias.

A Wickham se le recompensó de conformidad con el contrato, pero como él esperaba más, publicó una crónica de su aventura cauchera para dar a conocer su papel en el hecho histórico. En ella puso de relieve su participación y describió cómo su habilidad especial le había posibilitado sacar las semillas y llevarlas rápidamente hasta Europa. Como solía suceder con los libros de viajeros, éste tampoco fue muy fiel a la verdad. Estos relatos eran muy populares, y quien tuviese algo especialmente emocionante que contar podía llenar con ello la caja de la siguiente expedición. De modo que el aventurero glorificó su hazaña, y a medida que envejecía, más la ensalzaba: sólo bajo enormes peligros y jugándose la vida había conseguido sacar las semillas de Brasil. A edad avanzada, y gracias al monopolio británico del caucho y a la prosperidad de este ramo económico en el sur de Asia, Wickham recibió un reconocimiento tardío: se le otorgó el título de sir y una renta vitalicia.

Pero lo cierto es que no había ninguna ley que prohibiese la exportación de semillas de caucho desde el Brasil. De modo que el inglés no tuvo que hacer grandes esfuerzos conspirativos para pasar su valiosa carga por la aduana. Lo que sí tuvo que hacer fue apresurarse para que las semillas no se pudrieran. Los brasileños, por su parte, no podían imaginar que su árbol más valioso pudiera darse en otra parte, mucho menos en Asia. Por otro lado, los planes de los británicos de independizarse del caprichoso mercado brasileño para satisfacer el hambre cauchero de su industria y convertirse en productores, no eran ningún secreto. Al fin y al cabo, acababan de hacer lo mismo con la quina peruana: para producir quinina por sí mismos y en grandes cantidades con el objetivo de proteger de la malaria a sus soldados en la India, habían transplantado el árbol peruano a Asia.

Sin embargo, los brasileños confiaban en que la demanda de su caucho no acabaría nunca, y decretaron la ley que los protegía como país cauchero cuando ya era demasiado tarde. Así, el hombre que había posibilitado el cultivo del caucho asiático se convirtió en el chivo expiatorio de un proceso que venía preparándose desde hacía tiempo y que había sido tratado a la ligera. Las florituras de la crónica de Wickham cayeron entonces como anillo al dedo para atribuirle al usufructuario la responsabilidad por el golpe que había privado a Brasil de grandes réditos. De todos modos, Brasil no habría podido satisfacer por mucho tiempo la creciente demanda, pues la fiebre cauchera de la economía mundial aumentaba cada vez más, especialmente por el mercado automovilístico, que no conocía fronteras.

El Reino Unido, por su parte, se hizo con el negocio colosal del material elástico sólo gracias a la tenacidad de un puñado de hombres, pues la idea no había despertado prácticamente ningún interés en el Gobierno, y se necesitaron varias décadas de esfuerzo de esos hombres con visión de futuro, que lucharon contra todos los obstáculos y reveses para aclimatar el cultivo en el sur de Asia, para que el caucho pudiera conquistar el mercado en el momento indicado. El caucho se sigue cultivando en plantaciones de Malasia y otros países del sur de Asia, e incluso pueden admirarse algunos árboles vetustos de las semillas que Henry Wickham llevó del Amazonas a Inglaterra en 1876.

La muerte de Tchaikovsky

¿Suicidio o cólera?

*N*uestra sociedad mediática no es la única aficionada a los rumores sobre la vida y la muerte de los famosos, y cuando se presentan incongruencias en las condiciones de una muerte repentina, las especulaciones siempre han resultado ser especialmente persistentes.

Una celebridad con tal destino es el compositor ruso Piotr Tchaikovsky, quien murió en 1893 en San Petersburgo. Ya durante su breve enfermedad, el interés público era tan grande que los médicos fijaban en la puerta de su residencia, varias veces al día, un boletín donde informaban de su estado tras contraer el cólera.

En 1893, Tchaikovsky estaba en la cima de su gloria. Se le rendían homenajes por todo el mundo, su música se tocaba en todas partes y él había terminado su obra más importante, su sexta sinfonía, *Patética*. «Estoy muy orgulloso de esta sinfonía y creo que es mi mejor composición», escribió con gran satisfacción. Pero pocos días después de su estreno en San Petersburgo, Tchaikovsky murió sorpresivamente. El hecho de que el último pasaje de su *Patética* fuera una especie de réquiem adquirió entonces un tono lúgubre y profético, y muy pronto empezaron a circular rumores sobre el trasfondo de esta muerte inesperada, musical y de algún modo anunciada.

La familia, los médicos y los amigos anunciaron inmediatamente que el maestro había muerto de cólera, enfermedad que de hecho afectaba a la ciudad desde hacía un buen tiempo.

Pero, ¿por qué se esforzaron tanto en justificar esta causa? El público se enteró, por diversas versiones, de que Tchaikovsky había bebido por descuido un vaso de agua contaminada. Tras su fallecimiento, los dos médicos dieron testimonio, por escrito, de sus intentos de salvarlo y su hermano, Modest, se esforzó por desvirtuar cualquier duda sobre la causa de su defunción. Pero ¿cómo había podido infectarse, si todo el mundo sabía que el agua sin hervir podía causar la muerte? Después de todo, Tchaikovsky pertenecía a la clase alta que, a diferencia de los pobres, podía seguir fácilmente las precauciones higiénicas necesarias para prevenir la enfermedad. ¿Cómo era posible que un restaurante exclusivo le hubiera servido un vaso de agua sospechosa? Por otra parte, ¿acaso no habían disminuido enormemente el riesgo de contagio y el número de infectados desde que la epidemia alcanzara su cuota máxima en el verano? Los escépticos hicieron pensar además en que el compositor tenía un carácter muy sensible y tendencias depresivas. Al fin y al cabo, había intentado suicidarse hacía quince años tras el fracaso catastrófico de un matrimonio.

Después del entierro se dieron a conocer otros detalles que alimentaron los rumores acerca de que Tchaikovsky no había muerto de cólera. Desde su regreso a San Petersburgo, poco antes del estreno de la *Patética*, el compositor había vivido donde su hermano Modest, con quien tenía una relación muy estrecha. Pero ni éste ni su círculo de amigos, ni los médicos consultados, habían seguido las precauciones más sencillas que debían seguirse en caso de infección. Ni se había advertido a los visitantes del riesgo de contagio ni se había manejado la ropa altamente infecciosa con los cuidados recomendados. Asimismo, después del fallecimiento, se había hecho caso omiso de las medidas higiénicas mínimas: los restos mortales debían haberse sacado de la residencia inmediatamente en un ataúd cerrado; sin embargo, quienes asistieron al funeral pudieron despedirse del maestro, que fue fotografiado en un ataúd abierto.

Para una parte del público, el caso estaba claro: Tchaikovsky no había muerto de cólera, se había suicidado. Pero el asunto quedó sin aclararse, pues ambos bandos insistían en sus respectivas versiones. Por un lado, la aseveración de los parientes y los médicos; por otro, la obstinación de los críticos en destacar las numerosas incongruencias. No obstante, ¿las objeciones no eran realmente sutilezas comprensibles pero irrelevantes ante la sorpresiva muerte de un compositor famoso y en pleno cénit de su creación? ¿O acaso la familia quería evitar el escándalo de un suicidio y garantizar que se le diera sepultura eclesiástica? Décadas después, un miembro del círculo de amigos de Tchaikovsky explicaría que habían sido dos mujeres frustradas quienes habían desatado el rumor sobre el suicidio; una venganza póstuma porque el compositor no había aceptado su propuesta de matrimonio.

A finales de los setenta, una musicóloga que había emigrado de la Unión Soviética publicó un artículo sobre las causas de la muerte de Tchaikovsky. El texto, que apareció en una distinguida revista británica, retomaba la famosa sospecha sobre la versión del cólera y revelaba una explicación que le había sido confirmada por *insiders*: en 1933, poco antes de morir, uno de los médicos de Tchaikovsky le había contado al esposo de la musicóloga que el compositor se había suicidado. Otra fuente le había proporcionado casualmente la explicación de este hecho: Tchaikovsky había sido extorsionado por unos antiguos compañeros de la Escuela de Jurisprudencia de San Petersburgo, quienes sentían que su instituto se vería deshonrado si las inclinaciones homosexuales del compositor se hacían públicas. Al parecer había una carta dirigida al zar Alejandro III en la que se lo acusaba de haber tenido un *affaire* con un joven. Entonces se había reunido un tribunal de honor que lo había sentenciado a cometer suicidio. Y él se había envenenado, protegiendo así a su familia, su honor y su escuela de la vergüenza de que su homosexualidad se hiciera pública. Sólo cuando ya no había salvación, le había contado toda la verdad a su hermano Modest. Sin embargo, la autora del artículo, Alexandra Orlova, llegó indirectamente a este descubrimiento, pues ni había hablado con los implicados directos en el asunto ni tenía pruebas de segunda o tercera mano de la veracidad de sus testimonios. Aun así, su explicación se dio por aceptada en algunas partes del mundo de la música y se introdujo en biografías y enciclopedias que se tienen por serias.

Esta explicación de la muerte repentina de Tchaikovsky suena bastante posible; al fin y al cabo, la homosexualidad era perseguida legalmente en la Rusia de aquel entonces. ¿De modo que el compositor fue víctima de su inclinación y de una moral represiva? ¿Su tendencia depresiva terminó siendo desencadenada por la vida desdichada del homosexual que sufría por su inclinación pero no podía cambiar nada ni esperar un poco de tolerancia? ¿Acaso quería escapar del amenazante exilio poniendo fin a su vida?

¿O acaso una exiliada rusa quería triunfar en la Europa occidental con una hipótesis vaga? Sea cual sea la respuesta, hay que considerar con atención la crítica a la tesis del suicidio. En la Unión Soviética, sobre todo, donde la causa de la muerte de Tchaikovsky era tabú, la imagen del compositor no debía deslucirse con detalles «sucios», ya fuera el suicidio o la inclinación homosexual. Por esta razón, la homosexualidad de Tchaikovsky sigue siendo polémica, aun cuando su biografía y sus cartas no dejen casi lugar a dudas. ¿Será que entonces el rechazo de la tesis del suicidio tiene un motivo pseudomoral? Por otra parte, los defensores de esta tesis defienden el asunto de la homosexualidad puesto que un homosexual en la Rusia de finales del XIX con ese destino «trágico» no habría podido disfrutar una vida feliz.

De todos modos, la delicada cuestión tiene un gran valor sensacionalista: un compositor homosexual de biografía deslumbrante y tendencias depresivas, un tribunal del honor compuesto por compañeros encolerizados, una sinfonía grandiosa como mensaje de despedida bien disimulado, cólera y veneno. A lo que se añade el temor por el prestigio de un compositor venerado como héroe nacional del Imperio del zar y póstumamente custodiado por el comunismo y, por último, la verdad en boca de una rusa exiliada que ha franqueado el Telón de Acero y cuyos testigos están todos muertos... he aquí material suficiente para un bodrio pseudohistórico hollywoodense.

Para el centenario de la muerte del compositor se realizaron nuevas investigaciones que negaron la tesis del suicidio. Éstas desenmascararon con precisión extrema de qué forma y con qué métodos sucios se había hecho presentable dicha hipótesis, dando casi la impresión de que, a partir de viejos rumores y opiniones, y con mucha energía, se había ensamblado todo un mosaico que explicaba el supuesto suicidio sin presentar pruebas de peso.

En Rusia, como en otros países, las relaciones homosexuales estaban prohibidas legalmente y mal vistas socialmente. Sin embargo, y como en otras partes, la aristocracia y los artistas no eran juzgados igual que los demás y ese tipo de inclinaciones se les disculpaban. Tchaikovsky, por tanto, no tenía por qué temer la persecución de la justicia y mucho menos el destierro. También es discutible el que una carta al zar lo hubiese puesto en aprietos, puesto que el zar, quien había disimulado varias veces ese tipo de *affaires*, más bien lo habría encubierto. Pero incluso si el asunto se hubiera hecho público, la indignación pública se habría contenido. Por otra parte, sus testimonios personales no demuestran que haya padecido de manera insoportable por su homosexualidad al final de su vida. De modo que no sólo resulta cuestionable que Tchaikovsky hubiera temido que unos antiguos compañeros pudieran condenarlo al ostracismo, sino que, en caso de escándalo, habría podido irse al extranjero sin problemas. Su estatus de compositor influyente y famoso se lo habría posibilitado fácilmente, y a la opinión pública de París poco le habrían importado sus preferencias sexuales.

Asimismo, las objeciones a la tesis de la muerte por cólera pueden refutarse sin problemas. Por un lado, los médicos de Tchaikovsky tenían una educación excelente y están absueltos de cualquier inculpación. Por otro, aun cuando el cólera hubiera disminuido en ese momento en San Petersburgo, todavía existía riesgo de contagio, y no todos los restaurantes seguían la instrucción de servir únicamente agua hervida. Asimismo, el supuesto trato descuidado ante el peligro de contagio durante la enfermedad y tras la muerte del compositor puede explicarse: según el conocimiento médico de entonces, los doctores de Tchaikovsky no tenían por qué temer que éste representara un gran peligro de contagio; y en aquella época los rusos acomodados sólo iban al hospital en caso extremo. Por último, lo que supuestamente dijera uno de los médicos en su vejez es cierto: Tchaikovsky se envenenó, con el agente del cólera.

En cuanto a la amenaza de ostracismo, tanto el carácter conspirativo como el relato excesivamente dudoso de la imposición extrema de un tribunal del honor llaman, por lo menos, la atención. Pero esta teoría parece ser una simple historia escandalosa urdida con los rumores más diversos y sin la menor prueba sólida. Los presuntos testimonios se revelan rápidamente como afirmaciones inverosímiles de segunda o tercera mano. No obstante, la tesis sobre el suicidio del compositor homosexual, genial pero desdichado, seguirá perdurando, pues los escándalos siempre gustan. El hecho de que haya encontrado defensores en el mundo de la música, a pesar de su falta de solidez, tiene que ver con que la «escandalosa muerte de Tchaikovsky» sigue produciendo dinero.

Ante un tribunal ordinario y frente a la acusación de suicidio, el compositor quedaría absuelto por una clara ausencia de pruebas, así como por los historiadores meticulosos. De todos modos, el «caso Tchaikovsky» sólo podría confirmarse con certeza con la exhumación y la autopsia de sus restos mortales.

El naufragio del *Titanic*

¿Un choque contra un iceberg a causa de la ambición?

$\mathcal{A}$ mediados de abril de 1912, la noticia de una tragedia naval estremeció al mundo. El naufragio del *Titanic* en la noche del 14 al 15 de abril se convirtió en el accidente más famoso de la historia de la navegación y en el tema de numerosos largometrajes, documentales y exposiciones. El hundimiento de este barco sigue siendo visto como presagio del fin de una época que efectivamente terminó dos años después, con el estallido de la Primera Guerra Mundial. Esos años previos a la guerra estuvieron marcados por una glorificación de la técnica que hizo de este accidente uno especialmente trágico, pues entonces reinaba la sensación de que el progreso técnico no conocía fronteras, y el *Titanic* se presentó como su símbolo incluso antes de su botadura. La prensa anunciaba con entusiasmo que era prácticamente imposible que el trasatlántico de lujo se hundiera porque, en caso de necesidad, sus dieciséis secciones estancas lo impedirían. Lo que en el pasado había sido la perdición de otros barcos no representaría ningún riesgo para el *Titanic*. Por tanto, para el mundo entero fue una conmoción que este barco, que había zarpado con tanta pompa y tras una masiva campaña publicitaria, se hundiera en el Atlántico Norte durante su viaje inaugural y se cobrara la vida de más de dos tercios de sus pasajeros.

La White Star Line presentaba con orgullo su nueva nave para el transporte hacia Norteamérica al enviar el barco más grande del mundo en su viaje inaugural desde Southampton hasta Nueva York. Para aquella época, el inmenso hotel flotante era el epítome del lujo y el refinamiento técnico; la representación más impresionante de su esplendor es la película, ganadora del Óscar, *Titanic*, de James Cameron (1997), para la cual se reconstruyó su interior con la mayor fidelidad. Pero el orgulloso *Titanic* se hundió a sólo cuatro días de haber zarpado de Inglaterra, como consecuencia de la colisión con un iceberg en el Atlántico Norte. La causa no fue una grieta de casi cien metros, como se creyó durante mucho tiempo, sino seis agujeros pequeños pero suficientemente grandes como para dejar que en el barco se filtraran cuatrocientas toneladas de agua por minuto. En aquel entonces, el acero era de una calidad muy inferior a la actual, y el iceberg le había dado fatídicamente al *Titanic* en su parte más débil. 1.504 de los 2.208 pasajeros se ahogaron o se helaron en las aguas glaciales, mientras que el barco se fue a pique a menos de tres horas del choque. La causa de tal cantidad de víctimas fue, sobre todo, el reducido número de botes salvavidas. Para poder salvar a los 2.400 pasajeros y 700 tripulantes, en una ocupación total del barco, se habría necesitado el triple de botes, y aunque su número se había reducido por motivos estéticos, entre otros, el insuficiente equipamiento de veinte botes respondía a la reglamentación legal.

En las décadas siguientes, numerosos buzos intentaron llegar a los restos del *Titanic*, a 3.821 metros de profundidad, en busca de los tesoros supuestamente guardados en la cámara acorazada del lujoso trasatlántico. En 1985, cuando Robert D. Ballard y su equipo encontraron finalmente los restos del naufragio y los exploraron minuciosamente a lo largo de un año, se obtuvieron unas fotos espectaculares pero ningún hallazgo excepcional.

La causa de este trágico accidente ha sido motivo constante de especulaciones y calumnias e incluso de abstrusas teorías conspirativas. Según una leyenda muy popular, una de las causas fue que el *Titanic*, por orden del ambicioso naviero, debía hacerse con la Banda Azul para superar al *Mauretania*, de la Cunard Line, que entonces ostentaba el récord del más rápido del mundo. Sin embargo, el *Titanic* no había sido construido como el barco más rápido sino como el más grande y lujoso. La decoración y la seguridad se antepusieron a la velocidad; por tanto, no pretendía disputarle el récord al *Mauretania*. Este último, muchísimo más potente y más pequeño que el *Titanic*, pudo defender su título durante más de veinte años, pues atravesaba el Atlántico en cuatro días y medio, mientras que el *Titanic* habría necesitado más de cinco.

Por esta misma razón, el *Titanic* no tomó la ruta más rápida sino que escogió una más al sur, supuestamente más segura, para reducir el riesgo de choque contra un iceberg. Riesgo que se había incrementado ese año, y los capitanes lo sabían. Además recibieron numerosas advertencias de otros barcos durante el trayecto, pero los telegrafistas estaban tan ocupados con el envío de los mensajes privados de los pasajeros que los radiogramas importantes sobre la cercanía de icebergs no llegaron nunca a los capitanes.

Poco después del accidente, los folletinistas apasionados convirtieron la pretendida sed de velocidad en la causa que hizo que los responsables de la travesía se olvidaran de cualquier precaución. Bernhard Kellermann utilizó este motivo en su novela *Das blaue Band* [*La Banda Azul*] sobre el hundimiento del *Cosmos*; pero el que más avivó la leyenda del fatídico afán de velocidad fue el largometraje alemán *Titanic*, de 1943. Esta película, en la que una White Star Line en bancarrota ansiaba hacerse con el título del barco más rápido, propagó esta explicación ahistórica del hundimiento del *Titanic*.

No obstante, la velocidad sí fue corresponsable del naufragio, pues aun sin la presión del récord, el transatlántico avanzaba demasiado rápido por una zona que albergaba muchos peligros debido a los numerosos icebergs. Por eso, cuando divisaron el iceberg ya era demasiado tarde para evitar el choque fatídico. En todo caso, las investigaciones no han podido comprobar ni refutar la leyenda de que el delegado de la White Star Line, Joseph Bruce Ismay, quien iba a bordo, forzó al capitán a avanzar más rápido de lo recomendado para poner el barco a prueba para fines publicitarios.

De todos modos, el estruendoso accidente consiguió que la navegación internacional estableciera nuevas medidas de seguridad. Poco después tuvo lugar el primer congreso de seguridad marítima sobre las precauciones adecuadas. A partir de ese momento, todos los barcos debían contar con suficientes botes salvavidas para, en caso de necesidad, poder llevar a bordo a todas las personas. Asimismo, los cuartos del telégrafo debían estar ocupados día y noche. La razón fue el hecho de que el barco más cercano en el momento del accidente, el *Californian*, no acudió en socorro del *Titanic* porque sus telegrafistas habían concluido su jornada hacía un buen rato. Sin embargo, las nuevas medidas de seguridad no han podido impedir que las tragedias navales sigan cobrándose vidas humanas, con índices de víctimas que de vez en cuando superan con creces los del *Titanic*.

La masacre armenia

¿Traslado o genocidio?

En la primavera de 1915, en plena guerra mundial, diplomáticos alemanes anunciaron desde el aliado Imperio otomano, de donde surgió la actual Turquía, que la población armenia estaba siendo expulsada de la Anatolia oriental. Los territorios se habían convertido, supuestamente, en zona de guerra y la población, en un riesgo de seguridad. Los armenios, establecidos allí desde hacía siglos, fueron «trasladados» a los territorios desérticos e inhóspitos de Siria y del Irak actual. Un millón y medio de armenios perderían la vida en estos traslados y en las persecuciones de los años siguientes.

Durante años, la suerte de los armenios pasó casi desapercibida en Occidente. A principios de 1921, Alemania volvió a enterarse de los acontecimientos con el asesinato, no muy lejos de la estación berlinesa Zoologischer Garten, del antiguo gran visir y ministro del Interior del Imperio otomano —y criminal de guerra buscado por los aliados—, Talat Pascha, exiliado en Berlín. El asesino era un estudiante armenio de veinticinco años, quien veía en su víctima al responsable principal del crimen contra su pueblo y, por tanto, al verdadero asesino. Sin embargo, después del juicio, en el que el joven armenio resultó absuelto sorprendentemente, la atención volvió a apartarse del drama que había acontecido lejos del foco del interés internacional durante la Primera Guerra Mundial.

No sin razón, hasta hace pocos años, los armenios sintieron que su trauma colectivo no era tomado en serio. Aun cuando la Primera Guerra Mundial y los procesos internos de Europa hubieran acaparado la atención, tras la Segunda Guerra Mundial, y pese al genocidio de los judíos por los alemanes, los historiadores seguían desatendiendo el crimen contra el pueblo armenio. Una de las razones principales de esta actitud fue la situación periférica del Imperio otomano y su historia específica, que no estaba en los primeros puestos de la lista de temas urgentes de investigación. Y tampoco resultó de mucha utilidad el que la ganadora del premio Nobel de la Paz, Elie Wiesel, calificara estos crímenes como «el Holocausto antes del Holocausto». A esto se añadió la deferencia para con Turquía y, sobre todo, sus militares, quienes vetaron como intromisión indeseada cualquier apreciación externa sobre este capítulo de su historia. Además, al formar parte de la esfera de influencia soviética, Armenia había desparecido casi por completo del campo visual de Occidente.

Cuando la suerte de los armenios penetró finalmente en la conciencia europea, se convirtió incluso en tema clave de la política diaria que sigue impregnando las relaciones de Turquía con Armenia, ahora independiente, y con el mundo occidental, especialmente la Unión Europea. El tema de la masacre armenia suele provocar discusiones acaloradas, y los acontecimientos de 1915 eran un absoluto tabú en Turquía hasta hace poco. Aún hoy en día se cita a los intelectuales ante los tribunales turcos cuando califican de genocidio los «traslados» de la población armenia, y la diplomacia turca reacciona con irritación ante el manejo del tema como asesinato masivo en los medios y libros de texto occidentales. Hace poco, algunos parlamentos de la Unión Europea se han ocupado de estos sucesos, acaecidos hace casi un siglo: en junio de 2005, el Parlamento alemán aprobó una resolución conmemorativa de los armenios; en octubre de 2006, el Parlamento francés decidió sancionar la negación de la masacre. Francia, sobre todo, tiene una gran cantidad de inmigrantes armenios, el más famoso de ellos es el *chansonnier* Charles Aznavour, cuyos padres consiguieron huir a París antes del exterminio. La oficialidad turca ha interpretado como una afrenta tales decisiones parlamentarias, así como la distinción del escritor turco Orhan Pamuk con el Nobel de Literatura en 2006, pues éste ha criticado a su país constantemente por su actitud hacia los crímenes contra los armenios. En Turquía, la discusión oscila entre la continuación de la represión y el deseo de aclaración.

Puede que ya no les sirva de mucho a los centenares de miles de víctimas y a sus parientes, pero la pregunta sobre cómo debe clasificarse históricamente la política de la Turquía de entonces sigue siendo importante. ¿Fue acaso un traslado escandalosamente inhumano que, debido a las circunstancias y a la ignorancia del Estado, terminó convirtiéndose en una tragedia para los ciudadanos armenios? ¿O fue un genocidio planeado, con el que el Imperio otomano pretendía acabar, en nombre del nacionalismo turco, con un grupo social poco estimado?

La opinión pública europea se enteró por primera vez de los pogromos contra los armenios en 1894. Luego, durante la Primera Guerra Mundial, las persecuciones aumentaron. Según la justificación de las autoridades, había que «trasladar» a los armenios para prevenir un levantamiento, lo que en un alto número de casos significaría la muerte. Previamente se había azuzado a la población contra sus conciudadanos armenios con toda clase de propaganda y rumores, lo cual resultaba necesario para los instigadores dado que los grupos musulmanes y cristianos de Anatolia se entendían muy bien. Las autoridades imputaron a los armenios el delito de simpatizar con Rusia, su rival bélico, y obtuvieron las confesiones deseadas acerca de los planes de levantamiento o de alta traición bajo tortura. Todo esto ha sido ampliamente comunicado y documentado por diplomáticos extranjeros y colaboradores de servicios secretos de diversa índole, al igual que por países aliados con el Imperio otomano, como Alemania.

En mayo de 1915 se produjo la mayor ola de deportación. Durante la operación, dignatarios turcos, como el posteriormente asesinado Talat Pascha, expresaron, frente a representantes de los países aliados, que acabarían con la población armenia del Imperio otomano. Desprovistos de medios de subsistencia, los habitantes tuvieron que abandonar sus casas para asentarse en territorios inhóspitos. De ahí en adelante, los armenios —sin distinción alguna, desde bebés hasta ancianos— fueron expulsados de Anatolia y deportados hacia el sur. Las deportaciones se efectuaron a pie y en vagones para el transporte de ganado. Aparte de las condiciones inhumanas, en el transcurso del destierro se cometieron nuevas masacres. Durante semanas podían verse cadáveres flotando sobre el Éufrates en dirección al mar; con frecuencia se trataba de parejas abrazadas, pues las víctimas habían sido arrojadas vivas al agua. No se sabe con certeza cuántos armenios no sobrevivieron al destierro; los cálculos oscilan entre unos centenares de miles hasta un millón y medio, con una población armenia de 1,8 millones en 1914 en el Imperio otomano. Actualmente, unos sesenta mil armenios viven en Turquía, la mayoría de ellos en Estambul.

Entonces, ¿fue un genocidio, o no? La pregunta sigue siendo polémica, aun cuando la mayoría de las investigaciones parten del propósito de exterminio y estiman en un millón y medio el número de víctimas. Sin embargo, no es posible demostrar una resolución unívoca, como en el caso del genocidio de los judíos europeos por parte de los alemanes, que demuestre claramente esa intención.

Algunos historiadores, en la línea de la interpretación de la oficialidad turca, insisten en clasificar los acontecimientos como lamentables, trágicos o imperdonables, pero rechazan el término «genocidio» precisamente por la ausencia de una decisión que compruebe el delito tal y como lo define el derecho internacional. La incapacidad de las autoridades turcas para efectuar un traslado sensato, así como la marcada reticencia a proteger a los conciudadanos armenios de las consecuencias dramáticas, serían las responsables de las numerosas víctimas.

La mayoría de los historiadores, en cambio, remiten a las evidencias, de las que se infiere claramente que la muerte del mayor número de armenios en los traslados fue tolerada, cuando no pensada de antemano. Y utilizan toda una gama de términos que van desde «traslado» hasta «pogromos» y desde «masacre» hasta «genocidio».

Desde el punto de vista jurídico, el gobierno turco se mueve en terreno seguro al negar el genocidio a pesar de la magnitud de la tragedia, pues la declaración del genocidio como delito internacional es de 1948, varias décadas después de los sucesos en Anatolia. Pero, ¿acaso le hace justicia al tema este aspecto legal? A pesar de las extensas investigaciones, no hay una respuesta universalmente aceptada a la pregunta por el genocidio. A lo mejor porque una aclaración daría lo mismo, tanto para los armenios como para Turquía.

La maldición de Tutankamon

¿Arqueólogos que mueren como moscas?

*F*ue toda una sensación: el 30 de noviembre de 1922, los estupefactos lectores del *Times* se enteraron de que, hacía pocos días, el arqueólogo Howard Carter y su patrocinador lord Carnarvon habían encontrado, tras años de búsqueda en el Valle de los Reyes, la tumba del joven faraón egipcio Tutankamon. El acontecimiento arqueológico se convirtió enseguida en la gran novedad del momento —a partir del cual cualquier cosa que tuviera que ver con el Antiguo Egipto estaba absolutamente de moda—, y lo siguió siendo durante un buen tiempo. Esto radicó, primero, en el carácter espectacular del hallazgo, pues la tumba se había mantenido intacta y albergaba tesoros insospechados. La esplendorosa máscara de oro y lapislázuli de la momia de Tutankamon se convirtió en el objeto arqueológico más famoso de la historia junto al busto de Nefertiti. Pero a la gloria del faraón, que murió muy joven, contribuyó el hecho de que, inmediatamente después del hallazgo de la tumba, se produjeron unas muertes misteriosas que, además, quedaron eclipsadas por circunstancias inquietantes.

Al gran hallazgo le precedieron unos largos años infructuosos. En 1907, tras los primeros años de formación en Egipto, Howard Carter (1874-1939), un apasionado arqueólogo de humildes recursos, conoció a Lord Carnarvon (1866-1923), un adinerado coleccionista y viajero que había empezado a interesarse por Egipto un par de años antes y se había aficionado a la arqueología. Entonces los dos hombres dispares empezaron a trabajar juntos: Carter como excavador incansable, Carnarvon como socio capitalista. Hasta que, finalmente, se concretó la búsqueda: la tumba de Tutankamon, quien había ocupado el trono alrededor de 1333 a.C., cuando aún era un niño, y había muerto entre los dieciocho y los veinte años. Tutankamon, presunto hijo de Akenaton y faraón de la dinastía XVIII, murió sin dejar descendencia y, debido a los regentes que administraban los asuntos de gobierno, sin oportunidad de que sus actos pasaran a la posterioridad. De esto se encargaría el descubrimiento de su tumba, cuyas cámaras contenían 5.000 piezas en total. Posteriormente, Howard Carter advertiría que la muerte y el entierro del faraón egipcio constituyeron el acontecimiento más importante de su corta vida. La tumba no había sido abierta en tres mil años, y el clima cálido y seco de Egipto había conservado magníficamente sus tesoros. Se dice que unos ladrones entraron en ella poco después de la selladura de las cámaras, pero, por lo visto, fueron atrapados. Y la tumba volvió a ser sellada... y así permanecería durante más de tres milenios.

En 1922, al abrirla, Howard Carter recibió una ráfaga de aire caliente, y su vela titiló. El panorama espectral del interior de la cámara lo cautivó de tal modo que se quedó inmóvil, admirándolo todo en silencio. Detrás de él, Lord Carnarvon se impacientó y preguntó: «¿Puede ver algo?». Según declaró después Carter, sólo pudo decir atropelladamente: «Sí, cosas maravillosas».

Sin embargo, Lord Carnarvon falleció repentinamente poco después del descubrimiento. Al mismo tiempo hubo un apagón en todo el Cairo, y el fiel perro de Carnarvon murió en su residencia inglesa. En el siguiente mes de febrero, cuando finalmente pudieron abrir el sarcófago del faraón, murió un profesor canadiense que acababa de visitar la tumba. Fue en ese momento, más o menos, cuando empezaron a circular los rumores sobre una maldición que hacía que los sacrílegos murieran uno tras otro por haber interrumpido el reposo eterno del faraón. Y así se fueron atribuyendo más y más muertes a la maldición, que no afectaba únicamente a quienes visitaban la tumba o tenían algo que ver con la momia o con las piezas de las cámaras, sino también a otros que, por ejemplo, se expresaban despectivamente sobre la maldición o estaban relacionados o emparentados con los implicados. Con el transcurso del tiempo, el grupo de las víctimas malditas aumentó a varias decenas.

Desde entonces, cada vez que hay muertes relativamente repentinas que puedan relacionarse de algún modo con el descubrimiento de una tumba, reviven las leyendas sobre los faraones egipcios que se protegían de los invasores con sus maldiciones. Pero aunque éstas forman parte de la tradición egipcia, han de entenderse más como una protección del descanso eterno que como una verdadera amenaza, lo cual no se diferencia mucho de nuestros camposantos o de la veneración de los muertos en otras culturas. La función de estas maldiciones era, sobre todo, espantar a los ladrones potenciales, que eran un verdadero problema en el Antiguo Egipto, pues la riqueza de las tumbas no era una tentación despreciable para los criminales, como lo demuestra la cantidad de tumbas saqueadas y descubiertas por arqueólogos desilusionados.

Supuestamente, entre las miles de piezas de la tumba de Tutankamon había también una tabla de arcilla que amenazaba de muerte a todo aquel que perturbara el descanso sepulcral del faraón. Sin embargo, los historiadores consideraron esto como sospechoso porque, además de ser algo totalmente atípico, no se encontró ni el menor rastro de dicha tabla. Y aunque Carter catalogó y fotografió cuidadosamente todas las piezas de las cámaras, no se conserva ni una sola foto de la tabla maldita, que nunca existió en realidad, pues fue invento de un periodista.

Otra explicación proponía que en las cámaras se había mantenido un hongo, que por lo demás se habría extinguido hacía tiempo, y que fue el causante de las muertes. En efecto, existe un hongo de este tipo, pero además de que no se ha extinguido, debe ser respirado durante un período prolongado para que produzca problemas de salud. Por otra parte, las esporas no podían provenir de aquel entonces, pues no habrían sobrevivido los tres mil años de descanso sepulcral.

La maldición de Tutankamon pertenece al reino de las leyendas y es uno de los innumerables ejemplos de coincidencias trágicas que acaban formando parte de una relación de causa-efecto sin una conexión demostrable. Es comprensible que la apertura —efectuada ante el ojo moderno— de la tumba milenaria de un faraón de dieciocho años, con todo su esplendor y exotismo, produjera asociaciones imaginativas. Y es posible que una mezcla de sensacionalismo y malestar fomentara la leyenda: se había perturbado una tumba milenaria que, al fin y al cabo, pertenece al consenso cultural de la modernidad. A esto se añade la necesidad de la prensa de ofrecer información no sólo para los lectores cultos e interesados, pues los periódicos sensacionalistas también querían participar del despliegue en torno al joven faraón. De hecho, la prensa fue la creadora de la leyenda, que fue aceptada de inmediato y con avidez por los numerosos seguidores de lo oculto y lo sobrenatural, el primero de los cuales fue sir Arthur Conan Doyle, cuya popularidad sólo podía beneficiar su difusión. Al poco tiempo había cundido una especie de histeria extrañamente reconfortante que responsabilizaba a la maldición de cada muerte relativamente repentina que pudiese relacionarse con la tumba de Tutankamon.

Sin embargo, nunca pudo encontrarse una prueba de la presunta maldición del faraón, ni siquiera un indicio que invalidara las otras explicaciones, más sencillas, de esas muertes. Lord Carnarvon murió a causa una herida infectada; le había picado un mosquito, se había cortado la picadura al afeitarse y no había desinfectado la herida por descuido. Probablemente el mosquito había sido el causante de la septicemia que le quitó la vida tres semanas después. El apagón de El Cairo fue cualquier cosa menos una excepción, pues sucedía con frecuencia. Y el perro de Carnarvon no murió a la misma hora de su dueño, como suele afirmarse, sino un tiempo después. El profesor canadiense, que había visitado la tumba sólo por casualidad, estaba enfermo desde antes y murió casualmente al día siguiente de gripe viral. La mayoría de los otros casos, por trágica que pueda haber sido la muerte, fallecieron a una edad avanzada y a una distancia considerable del contacto con la tumba. Y desde el punto de vista estadístico, superaron incluso el promedio de sus contemporáneos. Además, de los seis que participaron en la apertura de la tumba, con excepción del desafortunado Lord Carnarvon, todos siguieron vivos y coleando. El principal implicado en el sensacional hallazgo, Howard Carter, murió diecisiete años después de su descubrimiento, a los 65 años de edad, y es más probable que la causa haya sido la frustración por la falta de reconocimiento en su patria que la maldición del faraón. Pero la leyenda de la maldición seguirá deambulando por los medios e Internet, pues el azar y la superstición son temas casi invencibles.

El discurso de Stalin

¿Fría planificación o franca mentira?

El pacto de no agresión germano-soviético, firmado por los ministros de asuntos exteriores Ribbentrop y Molotov antes de la invasión alemana de Polonia a finales de 1939, dio pie a discusiones y sospechas en el ámbito internacional. El tratado comprometía a ambos Estados a adoptar, entre otros, una neutralidad mutua en caso de que alguno fuera objeto de una acción beligerante por terceros. Y aunque el Protocolo Secreto Adicional sobre la repartición de las esferas de influencia en Europa Oriental se mantuvo en secreto inicialmente, con el tiempo los comunistas de los países europeos se encontraron con problemas para argumentarlo puesto que, de un momento a otro, parecía ya no ser válido lo que para todos era evidente: que los comunistas luchaban contra los nazis y, al revés, que los nazis perseguían a los comunistas. En Alemania, los propagandistas también tuvieron que ingeniárselas para explicarle al pueblo atónito este rasgo de ingenio del *Führer*.

Desde entonces se ha hablado de un presunto discurso pronunciado por Stalin en el politburó del Partido Comunista de la Unión Soviética pocos días antes de la firma del tratado. Tras el estallido de la guerra, las agencias de noticias divulgaron el texto del discurso en Europa Occidental, mas no en Alemania. El 19 de agosto de 1939, Stalin habría expuesto en el politburó su estrategia para el trato con el Reich. Una alianza con los adversarios de Hitler —Francia y Reino Unido— podría impedir una guerra y salvar a Polonia, pero ése no era el objetivo de la Unión Soviética. El mejor caso sería, según el discurso, que la guerra estallara en Europa cuando Hitler atacara Polonia y obligara por tanto a Francia y al Reino Unido a intervenir. La intención de Stalin era darle tiempo a la Unión Soviética. Además, una guerra europea aumentaría las posibilidades de una «sovietización» de Francia. Incluso si los alemanes ganaban, quedarían muy debilitados y ocupados en los problemas internos como para representar una amenaza para la Unión Soviética. Por supuesto que Moscú desmintió este discurso de inmediato; el mismísimo Stalin lo calificó de cháchara vacía y de mentiras de sobremesa en el periódico oficial *Pravda*.

La opinión pública estaba suficientemente ocupada con la guerra como para interesarse por un supuesto discurso de Stalin, y el asunto pasó al olvido. Sin embargo, en el verano de 1941 apareció otra versión en la que se señalaba con más insistencia la necesidad de una guerra europea, pues sólo así podría expandirse hacia Occidente la dictadura del partido comunista. Para ello, la guerra debía prolongarse al máximo; aunque, a fin de cuentas, Alemania también se haría socialista. Mientras la maquinaria propagandística alemana había ignorado el discurso en un principio, en ese momento empezó a funcionar a toda máquina. Después de todo, el fantasma de una revolución mundial había prestado sus servicios a la propaganda antes del pacto Hitler-Stalin, y esto se prolongaría finalmente tras la invalidación del mismo y el ataque de Alemania a la Unión Soviética a finales de junio de 1941.

No obstante, la carrera del discurso no acabó allí. En 1942, en la Francia de Vichy, apareció otra versión justo en un momento en que sus apéndices resultaban extraordinariamente apropiados para legitimar la lucha cada vez más dura del régimen contra la resistencia.

El discurso volvió a aparecer después del fin de la guerra y fue utilizado sobre todo por extremistas de la derecha para desacreditar a la Unión Soviética y al comunismo por su deshonroso papel en la guerra. Hoy todavía se dice que la Unión Soviética, al mando de Stalin, calculó fríamente la Segunda

Guerra Mundial para acelerar la expansión del comunismo hacia Occidente. Sobre todo después de la desintegración de la URSS, el presunto discurso fue citado por numerosas publicaciones rusas. En vista de todos sus demás crímenes, parecía muy probable que Stalin hubiera manipulado la guerra con sus cálculos cínicos, cual logrero de una contienda que estremecería Europa. Algunos autores, basados en el mentado discurso, llegaron incluso a verlo como el verdadero causante de la Segunda Guerra Mundial. Con objetivos diversos, el texto sirvió para reescribir la historia. Pero, ¿se trata de un texto auténtico? ¿Y lo pronunció Stalin realmente?

El primer análisis minucioso fue realizado a principios del siglo XXI por un historiador ruso, y algunas de las pistas aclaratorias son casi banales, como el dato de que no hubo ninguna sesión en el politburó el día en que supuestamente se pronunció. El sospechoso texto tampoco concuerda con el hecho de que el pacto Hitler-Stalin ponía en aprietos a las organizaciones comunistas de todos los países, que seguían necesitando las ayudas argumentativas de Moscú para justificar el giro de la política exterior soviética. Otro dato que indica que se trata de una falsificación es que el texto fuera publicado tres meses después de su presunta redacción, en un momento en que toda Francia discutía acaloradamente las posibles consecuencias del pacto germano-soviético. Asimismo, resulta sospechoso que, desde entonces, siguieran apareciendo nuevas versiones en el momento justo y con el énfasis adecuado.

Desde la desintegración de la URSS, y gracias a la disponibilidad de las fuentes rusas, el papel de Stalin en relación con la Segunda Guerra Mundial ha sido revaluado a la luz de nuevos aspectos. Y hay un punto de vista que goza de una popularidad creciente tanto en Rusia como en Occidente: la condena de su política exterior como cínica e inescrupulosa, y el cálculo de provocar una gran guerra para beneficio de los soviéticos, mejor dicho, de los comunistas. En este contexto, el pacto Hitler-Stalin es visto como un símbolo que los dos políticos criminales habrían utilizado para promover la Segunda Guerra Mundial. El supuesto discurso de Stalin concuerda perfectamente con este punto de vista, y explica con una facilidad seductora cómo se llegó a ese pacto demoníaco entre el nacional-socialismo y el comunismo.

Sin embargo, en 1939, la situación era muchísimo más compleja y difícil para los políticos europeos de lo que puede parecer vista en retrospectiva y conociendo los procesos consiguientes. Asimismo, hace mucho tiempo que la investigación histórica puso de relieve que la política exterior de Stalin fue menos ideológica que pragmática; lo que, desde luego, no la revaloriza automáticamente. Al igual que los poderosos europeos, Stalin buscaba dar una respuesta soviética a la situación política y al creciente riesgo de guerra. Y al igual que los demás, no fue exclusivamente cínico ni inescrupuloso en su búsqueda. No obstante, frente al deseo bélico de Hitler, sus decisiones duraron tan poco como la política de apaciguamiento del Reino Unido.

Desde el punto de vista histórico, el texto del presunto discurso de Stalin de 1939 flota, por así decirlo, en un espacio vacío. No hay nada que pudiera ratificar su autenticidad, mucho menos comprobarla, además de que no concuerda con el tejido de la política exterior soviética en vísperas de la guerra. De modo que, por más culpable que haya podido ser el dictador soviético en lo referente a la Segunda Guerra Mundial y en adelante, no puede achacársele la culpa de su estallido.

La Résistance

¿Un pueblo entero de resistentes?

A medida que la *Wehrmacht* fue ocupando más y más países europeos, la resistencia de los pueblos empezó a manifestarse por todas partes. Y así como la ocupación se produjo de diversas formas, el estilo y la envergadura de las rebeliones también fueron variados. La más conocida es la resistencia contra la ocupación alemana en Francia: tanto en la zona ocupada como en el territorio no ocupado del gobierno de Vichy bajo mariscal Pétain. El período entre 1940 y 1944 pasó a la historia de Francia como *«les années noires»* [los años negros], y la Résistance se convirtió en el mito fundacional de la Cuarta República: su mérito moral y militar le procuraría a Francia un puesto en la fila de las potencias victoriosas, y uno de sus líderes, Charles de Gaulle, quien llamó a sus compatriotas a la resistencia desde Londres, se convertiría en uno de los presidentes más importantes de la *Republique Française* del siglo XX. Pero, ¿la resistencia francesa contra la Alemania de Hitler fue realmente tan sustancial como lo indica el mito aún vigente? ¿Apoyaron los franceses en su mayoría a los abanderados de la Resistencia? ¿O acaso carece de fundamento histórico este mito, tan importante para la historia francesa de la posguerra?

La Resistencia francesa estuvo dividida en dos. La exterior, que contó con unos setenta mil miembros al principio, operaba sobre todo desde el Reino Unido, mientras que la interior ofrecía una resistencia organizada e individual cuyas acciones iban desde la impresión de octavillas hasta el sabotaje. El posterior presidente De Gaulle fue la figura clave de la Resistencia en el extranjero; Jean Moulin personificó la del interior, incluso después de su muerte en los calabozos de la Gestapo. Tras la ocupación, la nueva fundación de Francia se basó en la tradición de la Resistencia no sólo moralmente sino también en términos de organización.

Después de la guerra, Francia se aseguró de hacer de la resistencia contra la potencia ocupante y el complaciente régimen de Vichy una fuerza colectiva, unificadora y fundamental del nuevo comienzo. Y al hacerlo, naturalmente, se puso más énfasis en los logros que en los aspectos poco gloriosos: se mitificó la Resistencia y se restó importancia a la colaboración. La Resistencia resultó siendo acaparada e instrumentalizada en las discusiones políticas, ya fuera en las luchas políticas internas entre *gaullistas* y comunistas o en los enfrentamientos por la guerra de Argelia. Cada vez que los derechistas o los izquierdistas sostenían que la Resistencia, en tanto que fuerza unificadora, había personificado la «verdadera Francia», reclamaban sus logros principales para sí.

Pero la Resistencia no sólo jugó un papel importante políticamente sino también para la identificación personal de los franceses: pese a la deshonra de la victoria militar de la Alemania de Hitler en tan sólo seis semanas, los actos heroicos de los resistentes demostraban que Francia había salido, al menos en el aspecto moral, incólume de la guerra.

Tras la liberación de Francia, fue el general De Gaulle quien puso la piedra angular del mito de la Résistance al ignorar los años de la ocupación y enlazar directamente con 1940, como si los años negros hubieran sido tan oscuros que bien podían pasarse por alto. La nación francesa se identificó inmediatamente con la Resistencia y ocultó la parte molesta de la colaboración, incluyendo el régimen de Vichy. Ésta fue una estrategia prudente en términos psicológicos, pues ayudó al país a superar la difícil época de la posguerra. Pero fue fatal en términos históricos, pues la Francia de la posguerra se fundó, si bien no en una mentira, sí en una ilusión sobre la envergadura de la Resistencia. Se olvidó a los funcionarios del régimen de Vichy que ayudaron a los alemanes, así como el marcado antisemitismo francés que aprobó la persecución de los judíos. Pero lo cierto es que el gobierno de Vichy no fue ni un simple accidente en la historia de Francia ni una marioneta impotente manejada por los hilos firmes de Hitler, sino un gobierno de colaboracionistas obsequiosos y antisemitas que se destacaron deshonrosamente con su persecución de los judíos franceses.

En el recuerdo, la cantidad de franceses a quienes les era indiferente el nacionalsocialismo o lo aprobaban se empequeñeció en beneficio de todos los y las valientes que arriesgaron su vida en la lucha contra la Alemania de Hitler. No obstante, igual que sucedía en otros países que se encontraban bajo regímenes brutales de ocupación, el número de los resistentes activos también fue ínfimo frente al número de colaboracionistas pasivos o activos. Según cálculos realistas, sólo el dos por ciento de los franceses participó en la resistencia activa. La mayoría se mantuvieron pasivos; primero, escandalizados por la rapidez catastrófica de la derrota, luego, a la expectativa de cómo se desarrollaría la guerra. Al igual que en otros países ocupados, la población estaba mayoritariamente en contra de los alemanes; además de que en Francia perduraba la vieja «enemistad hereditaria». Pero, al igual que en otras partes, la rápida victoria alemana tuvo un efecto paralizante y, en el caso de Francia, se sumó el hecho de que el país estaba demasiado descompuesto internamente como para unirse ante los ocupantes a pesar de la catastrófica derrota.

La situación cambió entre 1942 y 1943 cuando los grupos resistentes empezaron a tener aceptación tras las primeras derrotas y, en especial, ante la ruina de la Wehrmacht en Stalingrado. Al mismo tiempo se puso fin a la fachada de la orientación autónoma de Vichy, y la influencia del inicialmente desconocido De Gaulle fue creciendo poco a poco, hasta que la oposición creció finalmente debido a la intensificación del hambre y la deportación de cientos de miles de franceses para prestar el servicio social del Reich.

La historiografía francesa de la ocupación, que se concentró en la Resistencia durante más de veinte años, tendía mucho más al elogio que a la valoración equilibrada. Pero el movimiento estudiantil de finales de los sesenta obligaría a los franceses a lidiar con esta ilusión y a reelaborar su relación con el pasado propio al investigar qué fue lo que ocurrió realmente. Entonces se abrió un amplio debate que se extendió más allá de la historiografía, y el péndulo de la valoración histórica llegó a oscilar hasta el otro extremo de la actitud anterior.

Los ánimos se crisparon cuando Francia empezó a cuestionar el mito de la Résistance. En medio de la atmósfera caldeada, la televisión francesa se negó durante diez años a transmitir el crudo documental *Le Chagrin et la Pitié* de Marcel Ophüls, que se emitió por primera vez en 1981; un hecho evocador de los años cincuenta, cuando la censura hizo modificar una película de Alain Resnais (*Nuit et brouillard*) por la aparición de un policía francés involucrado en la deportación de unos judíos. Esta edición no se conservó, en todo caso.

En los noventa tuvo lugar otra oleada de investigaciones minuciosas y abiertas sobre la ocupación, el colaboracionismo y la Resistencia. En 1994, un libro que desveló el pasado favorable a Vichy del entonces presidente Mitterrand produjo gran agitación. Unos años después, el ex presidente Chirac declararía que Francia había actuado contra los judíos franceses durante la guerra. En 1998, Maurice Papon, funcionario del régimen de Vichy, fue condenado a diez años de prisión por su participación en la deportación de judíos desde Burdeos. Éste y otros escándalos y debates similares posibilitaron una discusión cada vez más abierta sobre la época de la ocupación, con lo que la imagen de los años negros de Francia fue dando paso a los debidos matices. A fin de cuentas, las «verdades» demasiado sencillas tienen una vida limitada.

Holanda durante la ocupación alemana

¿Judíos perseguidos por todos los medios?

*E*l 10 de mayo de 1940, pese a las repetidas aseveraciones de Hitler de respetar la neutralidad del vecino, la Wehrmacht invadió Holanda. La invasión tomó por sorpresa al país, por lo que la expedición militar no duró más de cinco días. La primera reacción de la población ante las nuevas circunstancias osciló entre el temor y la histeria. El Gobierno y la familia real huyeron a Inglaterra, y un comisario del Reich asumió el poder de inmediato.

Después de una primera fase relativamente civil, a comienzos de 1941 empezó el terror para los Países Bajos y, sobre todo, para los judíos. Hasta el fin de la ocupación en el otoño de 1944, tres cuartos de los cerca de ciento cuarenta mil judíos de Holanda fueron deportados y asesinados.

En comparación con los otros países de Europa occidental ocupados por Alemania, la política de exterminio fue especialmente exitosa en los Países Bajos. Mientras que un 60 por ciento de los judíos de Bélgica sobrevivió al terror nacionalsocialista, en Francia subsistieron tres cuartas partes y en Dinamarca se salvó incluso un 98 por ciento. ¿Cómo se explica entonces que en Holanda sólo uno de cada cuatro judíos se salvara de la deportación o sobreviviera a los campos de concentración? ¿Cómo se explica que Eichmann, encargado de la logística del exterminio, se refiriera de forma tan cínica y elogiosa a los Países Bajos porque allí el transporte de judíos fluía como la seda y era una dicha observarlo? ¿Por qué pudieron mantenerse escondidos tan pocos judíos durante la ocupación? Según una opinión bastante generalizada, a los holandeses les fue indiferente la suerte de sus conciudadanos judíos. ¿Acaso Anna Frank, autora del diario quizá más conocido en el mundo, no fue traicionada por holandeses y, finalmente, deportada y asesinada en el campo de concentración de Bergen Belsen? El llamativo y trágico caso holandés ha sido investigado continuamente por los historiadores.

Aunque los procesos en los diferentes países ocupados pueden compararse, las diferencias son enormes, y esto tiene que ver tanto con la estructura de la ocupación como con el colaboracionismo y la integración judía. En todo caso, el índice de mortalidad de los judíos holandeses se destaca, lo que se atribuye a diversas causas: a veces, al modo de proceder particularmente efectivo de los alemanes, otras, a la autoridad de una burocracia holandesa muy diligente. Otros declaran que la mayoría de los judíos ni siquiera se escondieron por esa dependencia sumisa a la autoridad. Se dice también que tuvieron pocas posibilidades de huir porque había pocas opciones de fugarse al extranjero, porque eran muy pobres o porque no podían encontrar refugio, además de que la mayoría de los holandeses habrían cooperado con los ocupantes. Sólo hacia el fin de la ocupación se creó una resistencia contundente en los Países Bajos, cuando la mayoría de los judíos ya habían sido deportados y asesinados.

Todos estos factores pueden verse como parte de la explicación. Por ejemplo, es cierto que los ocupantes alemanes se encontraron con una burocracia mucho más parecida a la suya que la de Bélgica o Francia, lo cual facilitó inmensamente la «cooperación». Asimismo, la fe ciega en la autoridad de los Países Bajos fomentó una actitud de obediencia ante la potencia ocupante, pues la voluntad de cooperar dócilmente se mantuvo, al menos, hasta la derrota de la Wehrmacht en Stalingrado. Igualmente cierta es la cooperación de los *Judenräte*, consejos judíos creados por la potencia ocupante, con los asesinos. También es cierto que la huida hacia zonas apartadas o al extranjero era mucho más difícil en Holanda que, por ejemplo, en Francia. Pero todo esto, sumado a otros aspectos, no atenúa la sospecha de que los holandeses hicieron menos que la población de otros países ocupados para oponerse a la muerte de sus conciudadanos.

En los Países Bajos había tanto antisemitismo como en otros países, pero era mucho menos marcado que el de Francia, por ejemplo, y no estaba especialmente difundido en el espectro político de derechas. Fue sólo con la ocupación alemana cuando la derecha antisemita se convirtió en un factor político importante, pero se hizo muy impopular entre la población. Los judíos holandeses estaban bien integrados y establecidos, y la particular estructura de la sociedad holandesa, con su segmentación de clases, posibilitó su rápido aislamiento durante la ocupación. ¿Acaso los holandeses no judíos, aunque no fueran antisemitas convencidos, se mostraron más indiferentes que los franceses o los belgas ante sus conciudadanos judíos?

Sesenta años después del fin de la ocupación, investigaciones estadísticas basadas en documentos descubiertos recientemente evidenciaron que la imagen de la actitud pasiva de los holandeses debe corregirse. Sólo entonces pudo demostrarse que hubo muchos más judíos que se escondieron y fueron encontrados y deportados a los campos de concentración, lo cual significa que el número de no judíos que les ayudaron a esconderse fue mayor de lo que solía suponerse. En efecto, se ha comprobado que hubo más no judíos de lo que se creía que fueron encarcelados o deportados a campos de concentración por «proteger judíos», aun cuando no puedan reconstruirse las cifras exactas. Esto no afecta en absoluto el número lamentablemente reducido de judíos holandeses que lograron salvarse, pues las investigaciones demuestran también que los métodos de la policía secreta alemana y sus colaboradores holandeses fueron particularmente eficaces para descubrir judíos escondidos, pero sirve para rehabilitar la imagen de los holandeses no judíos durante la ocupación, así como para constatar que no todos los judíos encontrados fueron traicionados como Anna Frank. Los métodos de persecución de los ocupantes fueron particularmente eficaces en los Países Bajos, pero sus resultados no dependieron únicamente de holandeses inescrupulosos que querían cobrar la mordida.

Al igual que en otros países, sólo una minoría de holandeses estuvo dispuesta a arriesgar su vida para salvar a sus conciudadanos judíos, pero el caso holandés no es un ejemplo especialmente ignominioso como suele suponerse.

La Cámara de Ámbar

¿Quemada, desaparecida o bien escondida?

El acontecimiento fue especialmente solemne en Rusia: el 31 de mayo de 2003 resucitó la desaparecida Cámara de Ámbar del palacio de Tsárskoye Seló en las afueras de San Petersburgo. Para el 300 aniversario de la fundación de la ciudad, nada más y nada menos que el entonces canciller alemán Gerhard Schröder y el presidente ruso Vladímir Putin inauguraron, ante el público atónito, el lujoso salón de ámbar del palacio de Catalina en Tsárskoye Seló, reconstruido con financiación alemana.

Hasta el día de hoy, los historiadores del arte siguen teniendo arrebatos de sentimentalismo al hablar de la suntuosa cámara, pues la original se dio por desaparecida desde la Segunda Guerra Mundial. Décadas después, docenas de artesanos trabajarían intensa y minuciosamente, basándose en fotografías de los años treinta, para reconstruir una copia fidedigna del salón original. Las obras, en las que se utilizaron seis toneladas de ámbar proveniente del mar Báltico, tardaron casi un cuarto de siglo. Con 10,5 por 11,5 metros, el salón casi cuadrado tiene seis metros de altura y está completamente recubierto de mosaicos de ámbar. Es una joya artesanal, cuyo renacimiento suele compararse orgullosamente con la reconstrucción de la Iglesia de Nuestra Señora de Dresde.

Pero, ¿dónde está la verdadera Cámara de Ámbar? ¿Fue destruida durante el sitio de Leningrado? ¿O alguien aprovechó el caos de la guerra para robar este peculiar tesoro? Sólo dos de sus piezas originales reaparecieron en 1997 en el mercado negro: un mosaico florentino de Bremen con la representación alegórica de *El olfato y el tacto*, así como un arcón ruso que sobrevivió de incógnito durante varias décadas en Alemania Oriental.

El ámbar, antiguamente llamado «lágrima de los dioses», es una resina fósil que se encuentra, sobre todo, en el mar Báltico y, especialmente, en los alrededores de Kaliningrado, la antigua Königsberg. La resina del ámbar báltico tiene más de cincuenta millones de años y proviene principalmente de pinos y cedros escandinavos o de Europa oriental en los que anidan pequeños insectos o partes de plantas. Gracias a su color amarillo pardusco y a su transparencia, es utilizado sobre todo en joyería, pero antes se empleaba también para la fabricación de lupas y lentes, o como fármaco.

La extraordinaria obra era originariamente de Prusia. El arquitecto de la Corte, Andreas Schlüter, había planeado un salón revestido de ámbar para las habitaciones privadas del palacio de Berlín de Federico I, rey de Prusia, quien deseaba adornar con gran pompa su dignidad real recién obtenida. Según cuentan, él mismo había tenido la idea de dicha cámara mientras viajaba desde Königsberg a Berlín, tras su coronación en 1701. Pero murió durante las prolongadas obras del ambicioso proyecto, para el cual debía llegar primero el material suficiente, que sería instalado en una habitación esquinera en la tercera planta del palacio de Berlín antes de que quedara terminado.

A diferencia de su padre, Federico Guillermo I, el Rey Sargento, era un hombre ahorrativo y práctico, a quien poco le agradaba la idea de un salón forrado en ámbar. De modo que se suspendió el proyecto, y el trabajo inacabado se guardó en cajas. Sin embargo, en una visita a Havelberg en 1716, Pedro I el Grande, quien ya había admirado la obra en una visita anterior, recibió la joya poco apreciada e inacabada en agradecimiento por una alianza contra Suecia. Y éste mostró su agradecimiento a su vez al Rey Sargento obsequiándolo con un regimiento especial de los preciados «gigantes de Potsdam».

En Rusia, durante el reinado de Isabel I, sucesora de Pedro, la Cámara de Ámbar alcanzó su merecido esplendor: primero en San Petersburgo, luego en la residencia de verano de los zares en Tsárskoye Seló, donde el arquitecto de la Corte, Rastrelli, la complementó con espejos y esculturas. Cientos de velas hacían resplandecer el cálido color del ámbar, y el salón se convirtió en uno de los sitios de recepción de la emperatriz. Décadas después, según cuentan, Catalina II lo convertiría en su lugar preferido para jugar a cartas, entretenimiento en el que, al parecer, ganaba siempre. Tras la Revolución rusa y el fin de la dinastía de los Románov, el palacio, con la Cámara de Ámbar incluida, se convertiría en un museo.

En 1940, las tropas de la Wehrmacht se acercaron peligrosamente a Leningrado, pero los palacios de la ciudad se salvaron de los saqueadores alemanes. Aunque éstos habían planeado hacerse con un gran botín artístico, el asedio de la ciudad no dio resultado. No obstante, el 17 de septiembre de 1941, los alemanes tomaron el palacio de Catalina de Tsárskoye Seló. Las mujeres de la zona alcanzaron a rescatar y enviar al interior del país muchas obras del palacio, mas no la Cámara de Ámbar. Poco después llegaría un regimiento especial de los llamados «protectores del arte», que descompuso el salón en sus distintas partes, las guardó en 27 cajas y las transportó a Alemania.

Sobre todo Göring, con su avidez insaciable de obras de arte, tenía la mira puesta en este tesoro para incluirlo en la colección de su casa de campo Carinhall, al norte de Berlín. Göring confiaba en que lo conseguiría, pues ya se había apropiado de los mayores tesoros de todas partes de Europa sin el menor recato, pero en este caso el cálculo le falló. El jefe de la provincia de Prusia Oriental, Koch, no menos inescrupuloso que Göring, convenció a Hitler de trasladar el tesoro a Königsberg, presuntamente por iniciativa del director del museo, y experto en ámbar, Rohde. Después de la guerra debía ser trasladado al «Museo del Führer» que se construiría en Linz.

En la primavera de 1942, la Cámara de Ámbar se abrió al público en el Museo del antiguo Palacio de Königsberg, donde se dice que sobrevivió a dos bombardeos británicos de finales del verano de 1944, para ser transportada hacia Occidente a principios de 1945. Pero entonces ya se le había perdido el rastro.

En la confusión de los últimos meses de la guerra desaparecieron o se destruyeron numerosas obras de arte, manuscritos y demás objetos valiosos. Algunos reaparecieron posteriormente, pero nadie pudo encontrar nunca la Cámara de Ámbar, sobre cuyo paradero se hicieron todo tipo de especulaciones: según unos, el salón había sobrevivido a la guerra en una mina de potasa de la Baja Sajonia; según otros, había sido escondido en las afueras de Königsberg y había caído en manos de los rusos. En Rusia, en cambio, se acusaba a Estados Unidos de haberse apoderado de la cámara. Según informes del antiguo jefe Koch, entonces encarcelado en Polonia, el salón de ámbar se había hundido en 1945 con el barco de refugiados *Wilhelm Gustloff*. Sin embargo, los buscadores de naufragios no encontraron ninguna pista del preciado cargamento. Otros hablaban de unos túneles en Turingia que los nazis hicieron explotar poco antes del fin de la guerra justo después de la llegada de un misterioso flete de Königsberg. A pesar de las investigaciones exhaustivas realizadas a partir de las diversas referencias, no se encontró nada.

A lo largo de las décadas, los investigadores aficionados se dieron a la búsqueda una y otra vez, lo cual sólo envolvió de más misterio al tesoro desaparecido. Erich Mielke, jefe del Servicio de Seguridad de Alemania Oriental, comisionó a los primeros buscadores de tesoros, pero pese a las costosas y prolongadas investigaciones en unos ciento cincuenta lugares, y a las ciento ochenta mil páginas de actas, los resultados fueron tan infructuosos como los demás. Tras la reunificación de Alemania, los rumores y las especulaciones volvieron a ponerse en boga, pero la búsqueda siguió sin éxito.

Casi todo parece indicar que la Cámara de Ámbar no salió nunca de Königsberg. Es posible que se hubiera quemado en la antigua capital prusiana durante el devastador bombardeo británico de 1944, cuando grandes zonas de la ciudad ardieron en llamas. O que se hubiera quemado durante la toma de la ciudad por el Ejército Rojo. Dado que se encontraron restos del botín de Tsárskoye Seló, parecía probable que las obras de ámbar también se hubieran visto afectadas pero que no hubieran dejado rastro, puesto que el ámbar se consume completamente. En efecto, entre los escombros del Palacio de Königsberg aparecieron algunos fragmentos no inflamables del valioso gabinete, y con este hallazgo se puso punto final al capítulo ruso de la búsqueda.

Según otra teoría, la cámara sigue estando en las amplias bóvedas del sótano del Palacio de Königsberg, en cuyos cimientos están las ruinas de la inacabada Casa de los Consejos. En 2006 se dieron a conocer los primeros metros de este túnel gótico que, sin embargo, resultó inaccesible en su mayoría. En todo caso, y aunque no haya testimonios de un transporte masivo de las incrustaciones de ámbar, hay indicios de que las cajas con el tesoro estaban en la ciudad el día anterior a la entrada del Ejército Rojo.

Entretanto, la mayoría de especialistas han coincidido en que el salón de ámbar no salió de la capital de Prusia Oriental, entre otras cosas, porque Rohde, director del museo y protector de la lujosa cámara, permaneció en la ciudad amenazada. Pero si conocía su paradero, Rohde se llevó este dato a la tumba, pues él y su esposa murieron de hambre en 1945 en una Königsberg ocupada y destrozada.

Es probable que haya quienes sigan buscando el original tras la inauguración de la nueva Cámara de Ámbar. Sin embargo, después de más de seis décadas y de enormes esfuerzos internacionales, hay muy pocas probabilidades de que esta joya del siglo XVIII reaparezca. Y hay demasiadas probabilidades de que el frágil material haya sido víctima de un incendio durante la última fase de la guerra... donde y como sea que fuere.

La conferencia de Yalta

¿Un presidente senil se juega la libertad?

A principios de febrero de 1945, antes del fin de la guerra, los jefes de Estado de los tres países aliados —Reino Unido, Unión Soviética y Estados Unidos— se reunieron en el balneario ruso de Yalta, en la península de Crimea, en el mar Negro. Los «tres grandes» —Churchill, Stalin y Roosevelt— ya se conocían de cumbres anteriores y habían actuado casi siempre en conformidad y en contra del Reich durante la guerra. En Yalta debía negociarse el futuro de Europa, pues el fin de la guerra estaba cerca. Por consiguiente, las tres futuras potencias victoriosas tenían muchos temas en la agenda: el futuro de Polonia y sus fronteras, la inclusión de Francia en el círculo de las potencias victoriosas, la repartición de Alemania en zonas de ocupación y las reparaciones alemanas, así como el reordenamiento de toda Europa y las esferas de influencia de las potencias victoriosas en el mundo.

Para muchos, la conferencia de Yalta significó una deshonra de la diplomacia internacional. Allí se habría decidido la división de Europa que perduraría durante décadas y que, debido al distanciamiento entre la Unión Soviética y las potencias occidentales, encarnaría un terrible símbolo: el Telón de Acero. Churchill y Roosevelt habrían entregado media Europa al astuto Stalin sin la menor necesidad. Los Estados de Europa Central y Oriental, sobre todo, se sintieron como la masa manipulable que las grandes potencias occidentales cedieron a la Unión Soviética en el póquer de la negociación. A la Alemania desmembrada tampoco le hizo gracia el resultado de la conferencia, lo cual es comprensible, y en Europa Occidental aumentó rápidamente la sensación de que Occidente había salido perjudicado en favor de Stalin. Resultado que parecía incomprensible ante la casi plenitud de poderes de Estados Unidos y la tenacidad de Churchill, hasta que finalmente se señaló al culpable: Franklin Delano Roosevelt, presidente de Estados Unidos desde 1933, que viajó enfermo a Crimea y falleció poco después. Según una opinión generalizada, Roosevelt se encontraba en tan mal estado que Stalin se aprovechó de esta debilidad a sangre fría para manipular la conferencia a su favor.

En efecto, la Conferencia de Yalta está estrechamente relacionada con el origen del mundo bipolar. No obstante, la conclusión de que la decisión se tomó allí no es del todo acertada. La cuestión se trazó pero no se definió claramente. Hubo muchos temas conflictivos que no se abordaron precisamente porque la guerra no se había acabado aún y las potencias dependían unas de otras. Aun cuando se preveía que el escenario bélico de Europa estaba cerca de tranquilizarse, estaba claro que la guerra perduraría una vez declarada la paz. En el caso de Alemania, si bien se decidió el establecimiento de zonas de ocupación y el pago de reparaciones, no se definió cómo debía procederse a largo plazo. Y tampoco se fijó definitivamente el trazado de la futura frontera occidental de Polonia.

Los conflictos que, como consecuencia, condujeron a la guerra fría están relacionados con la conferencia porque los tres grandes dejaron aspectos importantes sin aclarar, pero los problemas habrían surgido de todas formas. Tras el fin de la guerra, los conflictos eran inevitables: Europa quedó dividida en dos campos y la guerra fría dominó el continente.

En todo caso, los tres grandes tenían la buena intención de llegar a un acuerdo entre las potencias victoriosas que impidiera durante el mayor tiempo posible el estallido de una nueva guerra. Sin embargo, más importante que un acuerdo en lo fundamental era que el mundo asumiera la conferencia como un éxito. Lo más importante para los tres grandes era, principalmente, demostrar armonía.

¿Y qué pasó entonces con Roosevelt? En Yalta estuvo también el médico de Churchill, Lord Moran, quien posteriormente hablaría de las malas condiciones del presidente de Estados Unidos. Según éste, Roosevelt intervino muy poco en las conversaciones y se pasó casi todo el tiempo sentado, con expresión ausente y la boca abierta, pues estaba claramente senil y no viviría mucho tiempo más. Esto indicaría que hay algo de cierto en la conclusión de la posterioridad. Sin embargo, otros participantes manifestaron opiniones muy distintas. Por ejemplo, el ministro británico de Asuntos Exteriores, Eden, más cercano a los sucesos de la conferencia que el médico de Churchill, confirmó que Roosevelt estaba fatigado pero declaró que su capacidad de discernimiento no se veía afectada en absoluto. El desarrollo de la conferencia tampoco permite suponer que Roosevelt no pudiera seguir las negociaciones. Tomaba la iniciativa, expresaba objeciones y planteaba propuestas igual que sus dos compañeros. No obstante, es igualmente cierto que Stalin estaba en plena forma. Sólo se descontroló una vez, pero durante el resto del tiempo se mantuvo tranquilo, prudente y circunspecto. Demostró habilidad para negociar y fue lo suficientemente osado como para exponer de forma incorrecta los territorios orientales de Alemania o las circunstancias de Polonia cada vez que eso le resultaba provechoso para sus planes.

El resultado de la conferencia puede explicarse satisfactoriamente por el hecho de que la guerra aún no se había acabado en el momento de las negociaciones. La posición negociadora de Churchill y Roosevelt también se vio determinada por el hecho de que el Ejército Rojo había avanzado mucho más hacia el interior de Alemania que las tropas británicas y estadounidenses en ese momento. También estaba claro que la Unión Soviética era el país que más fuerte había salido de la guerra y, por tanto, tenía cierto derecho a imponer sus exigencias. Después de todo, eran los tres vencedores de la guerra quienes negociaban la Europa de la posguerra; por ende, tenían en mente sus propios intereses y el orden del mundo, y no tanto el bienestar y el derecho de autodeterminación de los países pequeños. Stalin no fue el único en adoptar esta actitud, también Churchill y Roosevelt decidieron, sin consultar con los países implicados, cómo serían las nuevas fronteras y quién controlaría qué rincón de Europa. Así sucedió con Alemania, que naturalmente no tenía derecho a intervenir al haber causado y perdido la guerra, pero de la misma forma se obró con Polonia y China.

En el caso de Polonia, más que una decisión mesurada y enfocada hacia los intereses del país, a los tres grandes les importaba demostrar concordia. En el caso de China y otros escenarios no europeos, lo importante eran los intereses geopolíticos de las tres potencias. Los jefes de Estado rara vez deciden basándose en razones idealistas y de principios, y los tres de Yalta tenían presente el ejemplo del ex presidente Wilson, cuyo plan de catorce puntos para Europa después de la Primera Guerra Mundial no había durado nada frente a las condiciones de la política exterior.

En todo caso, la conferencia de Yalta estuvo tan determinada por un póquer negociador como otras cumbres de este tipo. Llámesele regateo escandaloso o mutuo toma y daca: los tres grandes aclararon las cuestiones que debían aclarar y remitieron a sus ministros los temas álgidos o los aplazaron. Cada uno de los participantes tenía sus expectativas y prioridades respecto a ciertos temas, por lo que consideraba otros como menos importantes y, por tanto, manipulables. Por ejemplo, a Churchill le importaba más la preservación del Imperio y la influencia británica en Grecia que Polonia. Stalin, por su parte, no pensaba dar su brazo a torcer en lo referente a Polonia, y podía contar con que Roosevelt y Churchill no permitirían que la conferencia fracasara por ello siempre y cuando pudieran guardar las apariencias. A Stalin le convenía la «Declaración sobre la Europa liberada» que hablaba de un continente democrático, por lo que accedió fácilmente. Y cedió en otros puntos: aceptó una zona de ocupación francesa así como las ideas estadounidenses sobre las Naciones Unidas y el destino de China. Churchill, por su parte, no defendió abiertamente el derecho de autodeterminación de los pueblos porque esto habría repercutido en la Commonwealth británica. En resumen, los jefes de Estado se pusieron de acuerdo en casi todo y casi sin problemas sobre las esferas de influencia en el mundo.

La conferencia de Yalta fue una cumbre de tres aliados que ya podían sentirse vencedores y que, por tanto, discutieron el futuro con actitud victoriosa y se atribuyeron el derecho de negociar según sus propios intereses. Juzgar retrospectivamente las consecuencias de esta conferencia es fácil, pero la historia es un tejido de muchas capas que sigue unas reglas complejas, y quienes manejan los procesos históricos sólo pueden medir hasta cierto punto las consecuencias de sus actos. Los acompañantes de los jefes de Estado estaban convencidos de haber conseguido lo mejor para sus respectivos países, lo que parecía justo en ese entonces, y así lo vio también la opinión pública en su momento. No podía preverse que la primera conferencia de la posguerra entre las potencias vencedoras, realizada unos meses después en Potsdam, separaría durante décadas a Oriente y Occidente sin necesidad de un enfrentamiento bélico. En todo caso, la historia acabaría dándole la razón a Roosevelt: después de todo, el orden mundial de la posguerra se correspondería principalmente con la concepción de aquel presidente no tan senil.

Argentina

¿Principal asilo de los nazis?

Aún en 1992 podía leerse en la revista *Der Spiegel* que después de la Segunda Guerra Mundial y el desmoronamiento de la Alemania de Hitler, miles de nacionalsocialistas —desde nazis de provincia hasta asesinos de las SS, desde caciques del partido hasta guardias de los campos de concentración— habían huido a Argentina. La idea de este país como refugio preferido de viejos nazis incorregibles la atizaron sobre todo los rumores y noticias sobre el paradero de los más notables. Especial interés generó Martin Bormann, último «secretario del Führer» y dirigente del Partido Nazi, quien se dio por desaparecido desde el 1 de mayo de 1945. Constantemente surgían informes según los cuales Bormann habría sobrevivido al fin de la guerra y habría huido a Argentina. Se decía que submarinos alemanes transitaban entre Argentina y el Reich, secreta pero diligentemente, durante la guerra, y Bormann habría escapado en uno de ellos. Según cierta versión, una vez en Argentina se habría sometido a una cirugía plástica con la que borró su rastro para siempre; según otra, dirigía una organización nazi internacional bajo el consentimiento del gobierno argentino. Sin embargo, pese a las amplias y extensas investigaciones realizadas desde diversos bandos, no pudieron conseguirse pruebas y lo más probable es que muriera en los últimos días de la guerra en una Berlín asediada. En 1960 fue detenido un argentino de origen alemán que se parecía a Bormann, pero pronto se demostró que el hombre había llegado a Argentina en 1930 y sólo se le parecía ligeramente. Otro caso notorio fue el de Erich Priebke, antiguo capitán de las SS, detenido en 1994 y juzgado por el asesinato de rehenes italianos durante la guerra. Priebke había huido a finales de la década de 1940 a Argentina, donde vivió tranquilamente hasta los años noventa.

En Europa se ha mantenido hasta hoy la idea de que este país suramericano ofreció asilo a innumerables nazis alemanes desde 1945 para que pudieran escapar de la persecución de las potencias ocupantes y de los posteriores tribunales de Alemania Occidental y Oriental. Especialmente desacreditada es la presunta «Organización de los antiguos miembros de la SS» [Odessa, por sus siglas en alemán], que habría posibilitado su huida a la Argentina de Perón, considerado simpatizante de los nazis. Pero no hay pruebas de que esta organización haya existido realmente, y de haber existido, habría sido muchísimo menos influyente e importante de lo que suele considerarse. Asimismo, según la memoria histórica, la población alemana de dicho país durante la época del nacionalsocialismo era, en su mayoría, de tendencia marcadamente nazi. En Argentina, según una opinión generalizada, los alemanes son viejos nazis o son sus descendientes. Pero, ¿es este un dictamen acertado?

En primer lugar, la inmigración alemana en Argentina no empezó después de 1945. Desde finales del siglo XIX, una buena cantidad de alemanes decidió labrarse una nueva existencia en Argentina. Desde entonces, y gracias a unas relaciones económicas cada vez más fuertes, los contactos entre Alemania y Argentina cobraron una importancia especial. Alemania importaba productos agrícolas argentinos y exportaba industria alemana. Antes de la Primera Guerra Mundial, Alemania se clasificaría como el segundo socio comercial más importante de Argentina, justo después del Reino Unido. Para Alemania, Argentina era, después de Brasil, el segundo socio comercial latinoamericano más importante. Los negocios entre los dos países prosperaron también durante el período de entreguerras hasta que decayeron drásticamente tras el estallido de la Segunda Guerra Mundial, aunque Argentina sólo le declaró la guerra a Alemania en marzo de 1945, y únicamente bajo la presión de Estados Unidos.

La inmigración alemana transcurrió de forma similar: floreció a finales del siglo XIX, se interrumpió durante la Primera Guerra Mundial y recomenzó después. En los años treinta hubo, en efecto, una delegación del Partido Nazi en Argentina, pero la afluencia de los argentino-alemanes era muy moderada. Si bien en los periódicos se hablaba de un número de miembros correspondiente a la mitad de los alemanes en Argentina, no hay pruebas de ello. Lo cierto es que ni el cinco por ciento era miembro, y en Argentina no hubo una «quinta colonia» de la Alemania de Hitler. Otras organizaciones nacionalsocialistas tuvieron más influencia, pero no puede hablarse de una «germanidad unificada» en Argentina, aun cuando la organización del Partido Nazi en el extranjero gestionara propaganda hasta la suspensión de sus labores en 1939 tras el llamado «*affaire* Patagonia», en el que se sugirió, por medio de documentos falsificados, la inminente anexión alemana de la Patagonia.

Argentina también fue país de refugio para los emigrantes alemanes en los años treinta. Unos cincuenta mil judíos alemanes y muchos no judíos opositores del régimen emigraron allí, y Buenos Aires se convirtió en un centro de la resistencia antifascista.

Después de 1945, en efecto, muchos nazis huyeron de Alemania hacia Argentina, así como fascistas italianos, pero la amenaza de la persecución no estaba siempre en primer plano. Esta inmigración ilegal tenía, en muchos casos, razones económicas, profesionales o personales. Además, Argentina reclutó a ciertos especialistas y científicos y los ayudó con la emigración ilegal. La emigración legal sólo volvió a ponerse en marcha después de la creación de Alemania Occidental. En 1951, el presidente Perón ofreció acoger de dos a tres millones de alemanes y puso barcos a su disposición. Pero no se alcanzó tal cifra, pues mientras que Argentina estaba en crisis, en Alemania se vivía el «milagro económico».

Comparado con el número total de inmigrantes alemanes

en Argentina, la cantidad de los criminales de guerra fugados resulta mínimo: hasta cuarenta mil alemanes llegaron a Argentina entre 1945 y 1955, pero no más de sesenta de ellos escaparon así de la persecución de las potencias ocupantes y posteriormente de la justicia alemana. Aun cuando otros nazis consiguieron llegar ilegalmente a Argentina por medio de ayudantes y a través de un tercer país en su mayoría, no hay pruebas de que, después de la Segunda Guerra Mundial, existieran importantes organizaciones de fuga.

De modo que la leyenda de Argentina como asilo de nazis y argentinos de origen alemán de marcada tendencia nacionalsocialista, cuando no simpatizantes del régimen, no tiene fundamento. La población argentina de origen alemán es tan diversa como en otras partes, y la sospecha generalizada es injusta con Argentina.

Marilyn Monroe

¿Un suicidio o un complot del Gobierno?

Con el fallecimiento de Marilyn Monroe por una sobredosis de somníferos, en la noche del 4 al 5 de agosto de 1962, terminó de forma prematura una de las carreras soñadas de Hollywood. Como suele ocurrir con las muertes espectaculares de personajes que están en el centro del interés público, en este caso se dispararon también las especulaciones conspiratorias sobre las circunstancias de esta muerte repentina y se llegó a pensar, incluso, en la participación de la mafia estadounidense, la CIA y el presidente John F. Kennedy junto con su hermano Robert.

Las circunstancias de la muerte de Marilyn contribuyeron a los rumores de que detrás de ésta había una explicación oscura. La actriz tenía el auricular en la mano cuando encontraron el cadáver. ¿Habría intentado llamar a alguien? En la cuenta del teléfono faltaba el registro de las llamadas realizadas esa noche. Tanto las pruebas de la autopsia como su diario desaparecieron. La posición del cadáver no se correspondía con lo normal en una muerte por sobredosis de pastillas. A esto se sumaron las declaraciones contradictorias sobre el desarrollo de esa noche sospechosa. ¿El ama de llaves encontró a la actriz muerta a la medianoche o más de tres horas después? Y si no se dio cuenta hasta las 3.30 horas de que la luz del dormitorio estaba encendida, ¿qué había sucedido desde el momento de su muerte? ¿Los asesinos no habían tenido tiempo suficiente para borrar sus huellas?

La fuente principal de las teorías fueron los *affaires* que Marilyn supuestamente tuvo con el presidente y con su hermano. Razón por la cual tanto el poderoso clan de los Kennedy, con sus vínculos con la mafia, como la CIA, habrían tenido motivos suficientes para ver el riesgo que significaba la actriz, psíquicamente inestable, en caso de que divulgara secretos o detalles íntimos. Al fin y al cabo, esto habría podido costarle la presidencia a Kennedy. Según otra versión, fue la mafia la que mató a Marilyn para inculpar a Robert, pero éste habría logrado ocultar a tiempo cualquier cosa que pudiera hacerlo sospechoso. Otras explicaciones apuntaban a una conspiración comunista o acusaban al ama de llaves o a su psiquiatra.

La explicación evidente de un suicidio trágico era demasiado simple, tanto para los medios sensacionalistas y los aficionados acongojados, como para las teorías conspirativas. Según una concepción muy popular en la era mediática, las estrellas no mueren por angustias personales o depresiones que las llevan a quitarse la vida. Quien idolatra a una estrella prefiere una explicación misteriosa a una más probable y por ende menos deslumbrante. Además, ¿cómo puede ser desdichada una estrella de cine? Sin embargo, esto no oculta el hecho de que las teorías acerca de quién podía estar tras la muerte de Marilyn barajan indicios y sospechas poco convincentes. Si bien el desarrollo exacto de esa noche sólo se ha aclarado de forma fragmentaria, no hay evidencias que corroboren la teoría del asesinato violento. En cambio hay muchos detalles que apuntan a la triste versión de que, aunque hubiera conseguido dejar atrás su pasado desdichado gracias a su rápido ascenso como estrella de la gran pantalla, Marilyn no había satisfecho la esperanza de tener una vida realmente feliz. La actriz llevaba años en tratamiento psicoterapéutico porque no conseguía superar el trauma de su infancia desdichada y se había vuelto adicta a los fármacos. Sus tres matrimonios habían fracasado y tampoco había podido satisfacer sus esperanzas de tener un hijo, pues ya había tenido dos abortos. En los meses previos a su muerte, Marilyn había tenido que encajar varios golpes del destino, cada vez le costaba más trabajar y puede que se sintiera más sola que nunca a pesar de la fama. Además había intentado suicidarse ya dos veces, de modo que la explicación más probable es que lo consiguió a la tercera.

La crisis de Cuba

¿Punto álgido de la guerra fría?

El 22 de octubre de 1962, el mundo entero contuvo la respiración cuando el presidente de Estados Unidos, John F. Kennedy, anunció el bloqueo marítimo de Cuba e introdujo así la crisis de los misiles en su fase decisiva. Tras diversas crisis anteriores en la guerra fría, una escalada del conflicto entre Oriente y Occidente parecía inevitable. La atemorizada opinión mundial intentó mantenerse al tanto del desarrollo de los siguientes días en la Casa Blanca y el Kremlin por todos los medios. El conflicto podía desembocar en un enfrentamiento militar entre las dos superpotencias, ambas armadas hasta los dientes con un arsenal tanto convencional como nuclear. En Berlín, foco del conflicto, los habitantes siguieron con especial temor el transcurso de los hechos, pues sabían que el movimiento de los barcos en el Caribe les atañía directamente. En Alemania Oriental, el Ejército Rojo y el Ejército Nacional Popular se preparaban para la posible contienda. La Tercera Guerra Mundial parecía inevitable.

Un año después, con su asesinato, John F. Kennedy se convertiría en un mito. Pero parte de ese mito se creó con su manejo cauteloso y exitoso de la crisis de Cuba, con el que trató de impedir a toda costa una intensificación del conflicto. De esta grave confrontación entre las dos superpotencias, Kennedy saldría como un vencedor que había demostrado grandeza ante su caprichoso rival de Moscú. Pero, ¿puede comprobarse históricamente esta victoria, o se trata de una leyenda sobre ese joven presidente en el que toda una generación puso grandes esperanzas, de las cuales no querría despegarse tras el atentado de Dallas? ¿Y fue la crisis de Cuba el punto álgido de la guerra fría, cuando el mundo estuvo tan cerca de una guerra nuclear como nunca lo había estado antes y nunca lo estuvo después?

El bloqueo de Cuba fue la reacción de Estados Unidos ante la información confiable de un avión de reconocimiento sobre la instalación de bases de misiles soviéticos en la isla caribeña. El Gobierno de Washington no podía ignorar una ofensa y una amenaza de este tipo a las puertas del continente norteamericano, por lo que siguieron unos largos y extenuantes días de negociaciones diplomáticas y secretas. En la Casa Blanca deliberaba el EXCOMM, el comité que el presidente reunió expresamente para esta crisis y en el que su hermano y consejero Robert («Bobby») asumió una posición clave. Al final de la semana, se llegó a un acuerdo: la Unión Soviética desmontaría las bases si los Estados Unidos prometían públicamente que no invadirían la isla. Posteriormente se conocería el acuerdo sobre el retiro de los misiles estadounidenses de Turquía.

Tras los asesinatos de los hermanos John y Robert Kennedy, en 1963 y 1968 respectivamente, apareció el libro de Bobby, *Thirteen Days* [*Trece días*], sobre la heroica lección de paciencia y diplomacia del Gobierno de Kennedy desde el descubrimiento de las bases hasta la solución de la crisis que tuvo al mundo al filo de una guerra nuclear. El famoso diario sobre las dos semanas críticas tuvo una influencia decisiva en el mito sobre la crisis de Cuba, pero no es enteramente fiel a los sucesos históricos. De hecho, Theodore Sorensen, consejero del presidente, manipuló las anotaciones originales de Robert antes de su publicación para que la imagen del gobierno fuese lo más positiva posible.

Poco después de la crisis, la actuación de los hermanos Kennedy y sus hombres de confianza recibiría toda clase de elogios. Los medios aclamaron el triunfo estadounidense sobre Moscú y al presidente que había manejado la crisis con los «mejores y más inteligentes». Pero esta valoración benevolente de los días críticos de la Casa Blanca en el otoño de 1962 no es demostrable. El EXCOMM no fue tanto un comité de guerra que controló la situación y tomó decisiones sino más bien un respaldo para que nadie del Gobierno se saliera del rumbo establecido. Rumbo que molestó sobre todo a los militares estadounidenses, quienes vieron el bloqueo como una reacción débil, así como el rumbo de los Kennedy en general. Los militares exigían un ataque a las bases de Cuba, pero el presidente actuó con extrema cautela: no sólo temía una intensificación del conflicto en el Caribe sino sus consecuencias en Europa pues, en ese entonces, Berlín Occidental era el talón de Aquiles de Occidente. Al mismo tiempo, el presidente estaba bajo una enorme presión interna: tras la fallida invasión de Cuba en Bahía de Cochinos hacía un año, no podía salir de esta crisis apareciendo como el que había cedido ante los soviéticos. Y aunque esto funcionó ante la opinión pública, los militares confirmaron su opinión de que Kennedy era un presidente débil.

En la noche del 27 de octubre, el riesgo de guerra parecía mayor que nunca para todos los implicados cuando Kruschev exigió, a través de Radio Moscú, que para desmontar las bases soviéticas de Cuba, Washington debía retirar los misiles de Turquía. Sin embargo, Moscú se moderó y se contentó con la promesa de que los Estados Unidos dejarían en paz la isla y con la garantía extraoficial de la retirada de los misiles de Turquía.

La clave para la comprensión y clasificación correcta de estos sucesos está en los antecedentes. En plena guerra fría, los líderes de ambas superpotencias estaban a la defensiva. Kennedy, tanto por la construcción del muro de Berlín y la situación extremadamente explosiva de esa ciudad como por su fallida invasión de Cuba; Kruschev, por el comunicado del Pentágono de octubre de 1961 de que la capacidad nuclear de Estados Unidos era superior a la de la Unión Soviética. Dada la importancia que tenía en la competencia de las superpotencias en ese momento, esto debía provocar una reacción de Moscú. La reacción inmediata fue la negación y una prueba atómica soviética; a largo plazo, la política de Kruschev frente a Cuba.

Con esto, el jefe de Estado soviético podía matar varios pájaros de un tiro: proteger la isla socialista, hacer una demostración de poder tanto frente a Estados Unidos como frente a China, y ganar renombre en términos de política interior.

Por tanto, lo que ha sido considerado como victoria de Estados Unidos y una actuación magistral de los Kennedy, en realidad habría de agradecerse a la cautela de ambos bandos; además de a las respectivas perspectivas ante la situación, que no siempre coincidían con la realidad. La confrontación principal e irreconciliable entre ambos bloques pasó a un segundo plano durante un breve momento histórico porque tanto Washington como Moscú querían impedir una guerra nuclear. Kruschev también actuó con responsabilidad y aceptó el intercambio secreto de misiles con Estados Unidos. Por medio de actas descubiertas hace poco ha podido demostrarse que lo que más temía Kruschev, sorprendentemente, era que Kennedy fuese destituido o víctima de un golpe militar. Y quería impedirlo porque las consecuencias de esto para la Unión Soviética y la paz mundial le resultaban imprevisibles. Asimismo, por informes secretos de carácter dudoso, Moscú temía una inminente invasión de Estados Unidos a Cuba.

Ambas potencias tenían claro cuán peligrosa habría sido la confrontación. De modo que tanto el dictamen de Kennedy como el de Kruschev, así como su conciencia de responsabilidad, impidieron la guerra nuclear con la que sus militares contaban hacía tiempo. Sin embargo, la crisis de Cuba no fue el punto álgido de la guerra fría, pues el comportamiento de ambos políticos demuestra que interrumpieron la lucha por el poder durante la misma. La guerra fría continuó acto seguido, aunque de un modo ligeramente modificado. Pensándolo bien, ninguno de los dos políticos podía sentirse vencedor. A Kruschev no le funcionó su estrategia de los misiles y tuvo que ceder según la opinión mundial. Kennedy, por su parte, tuvo que aceptar el acuerdo secreto respecto a los misiles de Turquía y, sobre todo, renunciar a su propósito de acabar con el socialismo cubano que se desarrollaba a las puertas de su hogar. Ambos se sintieron vulnerables: Moscú, por la ventaja estratégica de Estados Unidos, y Washington, por la precaria situación de Berlín. Y entre las razones de la disposición de ambos para solucionar la crisis había, sobre todo, cálculos equivocados: mientras que Moscú no pretendía solucionar la cuestión de Berlín con la instalación de los misiles en Cuba, como temía Kennedy, tampoco se aproximaba, como temía Kruschev, una invasión de Cuba ni la destitución de Kennedy.

El asesinato de JFK

¿Quién quería deshacerse del presidente?

*E*n 1963, la muerte de John F. Kennedy en Dallas estremeció a Estados Unidos y al mundo, y durante décadas varias generaciones de estadounidenses recordarían lo que estaban haciendo en el momento del atentado del 22 de noviembre de ese año. Hasta hoy, el asesinato del presidente Kennedy deja muchos interrogantes abiertos. En el centro de las especulaciones se encuentra principalmente la pregunta por el presunto asesino. ¿Actuó Lee Harvey Oswald realmente de manera individual? Y de no ser así, ¿quiénes fueron los autores intelectuales del atentado? Pocos acontecimientos en la historia estadounidense han provocado una profusión comparable de publicaciones y debates apasionados. Innumerables libros, páginas web y películas han tratado el caso; y obras espectaculares, como el seudo-documental de Oliver Stone, *JFK*, han contado con millones de espectadores en todo el mundo incluso décadas después del asesinato.

Los partidarios de la «versión oficial» y sus críticos siguen discutiendo y reprochándose mutuamente el haber manipulado la evidencia de manera selectiva y subjetiva, de haber ignorado indicios inconvenientes y de haber desacreditado los intentos de solución del lado contrario. Y junto a los resultados de la comisión oficial de investigación circulan un sinnúmero de versiones alternativas de lo que realmente podría encontrarse detrás del crimen.

A finales de noviembre de 1963, el presidente Kennedy

233

visitó Dallas para promover en el difícil estado de Texas su ree-
lección en la contienda presidencial del año siguiente. Cuando
la limusina presidencial descapotada disminuyó la velocidad
en una curva estrecha de Dealy Plaza, se hicieron tres disparos
desde el sexto piso de un edificio. Dos tiros alcanzaron a Kennedy, uno de ellos mortalmente. El tercero falló su objetivo.
Cerca de allí, en el hospital Parkland, los médicos no pudieron
salvar al presidente. Poco después del atentado, Lee Harvey
Oswald fue detenido bajo sospecha de asesinato y dos días más
tarde, cuando lo trasladaban a la cárcel, fue asesinado por Jack
Ruby, el dueño de un club nocturno. Una semana después del
hecho, el presidente Lyndon B. Johnson, vicepresidente durante el mandato de Kennedy, que viajaba en el segundo coche el
día del atentado, le encomendó a Earl Warren, jefe del Tribunal
Superior de Justicia, la dirección de una comisión investigadora para aclarar el asesinato. El informe de la Comisión Warren
de septiembre de 1964, que comprende 888 páginas, concluye
que Lee Harvey Oswald había asesinado a Kennedy y había
actuado de manera individual. No habría ninguna conexión
con el Gobierno estadounidense ni con gobiernos extranjeros;
tampoco existiría relación con Ruby, el asesino de Oswald: éste
habría actuado por afán de prestigio y frustración personal.

Las evidentes debilidades del informe resultaron ser una
fuente viva y efervescente para los críticos de la Comisión Warren. Por razones políticas, la comisión tuvo que trabajar con
prisa y confiar en los servicios secretos de la CIA y el FBI de
forma acrítica. En la investigación no se tuvieron en consideración las fotos ni las radiografías del cadáver de Kennedy. Se
consideró que la hipótesis del autor individual era evidente y
se ignoraron no sólo indicios, sino también declaraciones de
testigos que, al menos, admitían otra explicación. En el curso
de las investigaciones, el papel de los servicios secretos, cayó en
la mira de la crítica. ¿Había evitado el FBI que se descubriera su
conexión con el asesino de Kennedy? ¿Acaso sabía algo acerca
de los planes del atentado y, sin embargo, no había advertido
de ellos al presidente? ¿Ocultaban la CIA y el FBI nexos entre
Oswald y los servicios secretos soviéticos y cubanos? ¿Habían

tenido que ocultar estas conexiones porque Johnson, sucesor de Kennedy, había decidido no invadir Cuba pese a su implicación comunista? Y más allá de fallar en la protección del presidente, ¿los servicios secretos no habían favorecido el atentado negligente o, incluso, metódicamente? A pesar de la curva, ¿el chófer de la limusina presidencial no conducía exageradamente despacio y no había mirado a su alrededor como si esperase el disparo? Tras el atentado, algunos testigos informaron de otros detalles extraños: algunos afirmaron que empleados del servicio secreto los habían obligado a retirarse del lugar desde donde poco después Oswald haría los disparos mortales. Los servicios secretos negaron sin embargo que sus hombres se encontrasen en misión en el lugar. Algunos testigos oculares afirmaban haber visto a más de un hombre armado en las ventanas del edificio desde el que habían llegado los disparos. ¿Por qué la Comisión Warren no había tomado en consideración las declaraciones de determinados testigos? ¿Y por qué no había hecho el seguimiento de ciertas singularidades, como el hombre que a manera de señal había abierto y cerrado su paraguas poco antes de los disparos? ¿Por qué arrestó después del atentado, de forma provisional, a individuos cuyos protocolos de interrogatorio se extraviaron posteriormente?

Más importantes aun parecían las filmaciones del atentado realizadas por aficionados, las cuales contradecían la teoría de un único autor propuesta por la Comisión Warren, pues permitían suponer que se habían descargado más de tres tiros, tiros que Oswald no había podido disparar solo. Por otra parte, a partir de la reacción del cuerpo de Kennedy tras el disparo, algunos observadores concluyeron que un segundo tirador tenía que haber apuntado desde otro lugar. Esta hipótesis se veía respaldada por numerosas declaraciones de testigos oculares, entre ellos policías. ¿Y por qué tenía que esperar varios años la opinión pública estadounidense para poder ver finalmente estas filmaciones? Los dictámenes contradictorios de los médicos de Dallas y Washington, donde la autopsia de Kennedy se realizó de manera apresurada, incompleta e inadecuada, también ofrecían abundante sustento para el escepticismo.

Las incongruencias del curso de los acontecimientos y de los informes de la comisión investigadora llenaban tomos enteros por sí solas. Pero también resultaba difícil pasar por alto las especulaciones sobre los implicados en el hecho.

En especial, el presunto autor individual, Lee Harvey Oswald, y su biografía fuera de lo común, alimentaron las dudas. Se trataba de un ex soldado que se había vuelto comunista, había vivido en la Unión Soviética y acababa de regresar a Estados Unidos en 1962. Desde allí había tratado en vano de viajar a Cuba. En plena fase álgida de la guerra fría, parecía sospechoso que no hubiera ningún tipo de conexión entre Oswald y los servicios secretos estadounidenses. ¿No sería más bien un agente de Estados Unidos? A favor de ello estaban los hechos de que hubiese podido regresar sin problemas al país con su esposa rusa y que fuera amigo de un emigrante ruso, un hombre de contacto de la CIA. Oswald había viajado a Ciudad de México poco antes del atentado, ¿para ofrecerle el asesinato de Kennedy a la KGB en la Embajada soviética? ¿O acaso el servicio secreto estadounidense fingió un nexo entre Oswald y Cuba para responsabilizar del asesinato a la avanzada del socialismo que se desarrollaba a las puertas de Estados Unidos? ¿Cómo se relaciona esto con los dobles de Oswald, a los que presuntamente habría empleado el servicio secreto para el montaje de Oswald como chivo expiatorio apropiado para el asesinato? En contraposición, los defensores del informe Warren presentan a Oswald como a un simple títere político.

El asesinato de Oswald también provocó, inevitablemente, especulaciones. ¿De verdad había actuado el mafioso Ruby por repulsión personal hacia al asesino del presidente y por compasión con su viuda, o había recibido dinero de los servicios secretos o de la mafia por su acto? ¿Y la causa de su muerte en 1967 en prisión fue realmente cáncer o lo asesinaron para silenciarlo?

En la búsqueda de quién se encontraba detrás del asesinato, si Oswald no había actuado individualmente o apenas había sido un chivo expiatorio, entraban en juego distintas posibilidades de explicación: ¿Había hecho Johnson desaparecer a Kennedy mediante sus contactos en Texas para convertirse él mismo en presidente? ¿Lo había mandado ejecutar la mafia estadounidense para vengarse por la campaña antimafia de su hermano Robert? ¿O acaso la CIA quería impedir, con su asesinato, que el presidente disolviera el servicio de inteligencia extranjero y, al mismo tiempo, inculpar del asesinato a Cuba para lograr la invasión que había fallado tan vergonzosamente en la bahía de Cochinos? J. Edgar Hoover, director del FBI y notorio moralista que sentía animadversión por la familia Kennedy, se benefició con la muerte de Kennedy, pues Johnson, su amigo personal, asumió el poder y postergó la fecha de su retiro. De hecho, Hoover permaneció como director del FBI hasta su muerte, en 1972.

Otra teoría apunta a la industria armamentista, que se vio enormemente favorecida con la guerra fría y la guerra de Vietnam y que desaprobaba la política de Kennedy por razones comerciales. En efecto, ambas confrontaciones continuaron después de la muerte de Kennedy. Igualmente, Kruschev podía haberle encomendado el asesinato de Kennedy a la KGB para vengarse de la crisis con Cuba en 1962 y desestabilizar políticamente a Estados Unidos. ¿Pero podía aprobar Kruschev una escalada entonces inminente de la guerra fría? ¿O querría Castro, el gobernante cubano, vengarse por el encargo de Kennedy a la CIA de eliminarlo a él? Al fin y al cabo, Castro ya había amenazado con algo similar. ¿Pero no se volvería esto en su contra cuando el asunto estallara y Estados Unidos atacara Cuba por sorpresa, esta vez con mayor razón? ¿No estarían más bien tras el asesinato los exiliados cubanos, claramente descontentos con la fracasada invasión y la política de Kennedy frente a Cuba?

En todas estas y otras teorías, Oswald y los demás implicados jugaban un papel apropiado y, por ende, altamente variable.

La mayoría de las teorías no han podido presentar pruebas concluyentes que las respalden, aun cuando los acusados efectivamente se hubieran beneficiado con la muerte de Kennedy y algunos hubiesen estado en condiciones de planear el asesinato y de ocultarlo inmediatamente después. Como suele suceder con las teorías conspirativas como éstas, resulta difícil pensar cómo pudo asegurarse la discreción de un círculo tan grande de implicados durante tanto tiempo. Además, todas las teorías pueden presentarse como más o menos probables, y algunas veces resultan bastante atractivas, pero con frecuencia tienen también un trasfondo ideológico y, por tanto, subjetivo. Incluso si la Comisión Warren llevó su investigación con descuido, esto no tiene que haber sido algo premeditado, y tampoco significa automáticamente que sus resultados sean equivocados. La tesis del autor individual puede no ser tan atractiva como la de una amplia conspiración de asesinato presidencial, pero sigue estando lejos de ser desmentida.

El caso no se aclarará por completo hasta que los investigadores no tengan acceso a la totalidad de los materiales de prueba que reposan en los archivos de Estados Unidos y de otros países implicados.

De todos modos, las especulaciones acerca del asesinato del presidente estadounidense seguirán existiendo, aun cuando recientemente, en el año 2006, un documental de Wilfried Huismann presentara una tesis como la más probable: la de una implicación de Cuba. La interpretación de Huismann sugiere que el servicio secreto cubano utilizó al títere político de Oswald para eliminar a Kennedy. Incluso en la actualidad, una explicación de este tipo está cargada ideológicamente, por lo que pronto provocó una resistencia vehemente contra la idea de responsabilizar a Cuba, el David socialista, del crimen contra Estados Unidos, el Goliat capitalista. No obstante, muchos elementos respaldan esta solución del misterio del asesinato de Kennedy.

Según la declaración de un antiguo colaborador del servicio secreto cubano, Oswald «no era realmente el mejor, pero estaba disponible». De acuerdo con esta versión, en el trasfondo del asesinato de Kennedy estaría uno de los muchos planes de atentado que la CIA había preparado contra Fidel Castro desde la fallida invasión a Bahía de Cochinos en 1961. El líder de la revolución se habría vengado por esto, no sin antes lanzarle una clara advertencia a Estados Unidos, que estos, no obstante, desatendieron. El viaje de Oswald a Ciudad de México habría servido para cerrar el trato con el servicio secreto cubano, que podía actuar libremente en México, así como para hacer la entrega de los honorarios de seis mil quinientos dólares. Tras el asesinato, se llamó rápidamente al orden a los colaboradores del FBI en México, pues el gobierno de Lyndon B. Johnson había decidido favorecer la versión de un autor individual y psicópata. La Casa Blanca temía las consecuencias políticas internas y externas si la verdad de la implicación de Cuba en el asesinato de Kennedy llegaba a difundirse: aparte de la humillación de la superpotencia por la pequeña isla caribeña, el presidente demócrata debía de temer que la política interior diera un giro hacia la derecha. Además, en el campo de la política exterior existía la amenaza de un enfrentamiento militar con consecuencias incalculables. Igualmente, Cuba tenía poco interés en que saliera a la luz pública su propia participación en el asesinato que había conmocionado al mundo. Castro había logrado su objetivo y había triunfado sobre Estados Unidos, y desde entonces, ambos países se ejercitarían en la forma de ocultar el asesinato de Kennedy. En todo caso, esta explicación más reciente del trasfondo del atentado sólo puede confirmarse y quedar libre de dudas cuando se permita el acceso a todos los documentos.

El alunizaje

¿El mayor golpe de Hollywood?

Cuando la agencia de navegación espacial NASA se vio obligada a admitir, en el año 2006, que no podía localizar las cintas magnéticas originales de la misión Apolo 11 y que con ellas se había extraviado una importante prueba de los primeros pasos de la humanidad en la luna, la suspicacia a nivel mundial fue grande, pues desde el alunizaje del 20 de julio de 1969 y las noticias de la caminata lunar de Neil Armstrong y Edwin Aldrin no cesaban los rumores de que la proeza de navegación interplanetaria estadounidense, sencillamente, no había tenido lugar. El hecho era sorprendente, pues la misión había sido transmitida en directo por televisión en todos los rincones del mundo como uno de los mayores acontecimientos internacionales. Aún hoy, en los mismos Estados Unidos, hasta un veinte por ciento de la población está convencida de que la espectacular misión fue un inmenso engaño. Creen que ningún hombre ha puesto nunca un pie sobre el satélite de la tierra y que la NASA dio el «gran paso de la humanidad» en escena, sobre la tierra, a base de efectos y con la ayuda de Hollywood. Estados Unidos habría engañado a su pueblo y a la opinión pública mundial.

Esta popular teoría conspirativa surgió casi inmediatamente después de la transmisión mundial por televisión, a mediados del verano de 1969, y fue fomentada principalmente por dos razones: por un lado, tras la guerra de Vietnam y el posterior escándalo Watergate, muchos estadounidenses no dudaban de que su Gobierno fuese capaz de una mentira semejante; por otro, las espectaculares películas de ciencia ficción parecían probar que una puesta en escena como ésa podía realizarse fácilmente.

Una comunidad de teóricos de la conspiración mantiene viva la teoría de la escenificación terrestre del alunizaje y la «corrobora» ocasionalmente con nuevas pruebas. Sin embargo, dentro de esta comunidad también se discute la dimensión de la falsificación. Los partidarios moderados dan por sentado que el alunizaje realmente tuvo lugar, pero que sus imágenes fueron falsas. La opinión generalizada dentro de los seguidores de la teoría de falsificación afirma, no obstante, que el alunizaje no se produjo. La razón de ello sería que la navegación espacial estadounidense de mediados de los años sesenta no tenía capacidad de realizar un viaje semejante. En efecto, la mayoría de las misiones espaciales de la NASA durante la década de los cincuenta y el inicio de los sesenta fracasaron. ¿Cómo podían haberse remediado esas debilidades de manera repentina? Antes bien, la NASA ni siquiera había podido arriesgarse a dejar que sus astronautas salieran de la órbita terrestre. Un argumento adicional señala que las fotos y las filmaciones del supuesto alunizaje contenían claros indicios de que no habían sido tomadas en el espacio sino en la tierra. Como uno de los más conocidos se cita el que la bandera estadounidense ondeaba en el aire a pesar de que en la luna no hay atmósfera y, por lo tanto, tampoco debía haber viento. Otra opinión argumenta que en el cielo lunar no se percibía ninguna estrella, aunque éstas deberían verse especialmente bien a causa de la ausencia de atmósfera. Las autoridades de la NASA habrían obligado a callar a los implicados en el engaño e incluso algunos astronautas habrían sido asesinados para silenciarlos. Importantes pruebas para esta conclusión son la negación de Neil Armstrong a conceder entrevistas y la muerte accidental de varios astronautas a mediados de la década de los sesenta.

Por más atractiva que pueda ser esta reflexión, en el caso del primer alunizaje la opinión mundial se habría tragado una mentira de gran calibre, y por más plausibles que puedan sonar algunos argumentos, también son fácilmente refutables. En ésta, como en otras teorías clásicas de conspiración, ciertos indicios se tratan como si fuesen pruebas, se sacan conclusiones equivocadas y se citan argumentos científicamente insostenibles. Por un lado, no hay duda de que la NASA superó sus debilidades de un día para otro y sin excepción; eso lo muestra especialmente la fallida misión del Apolo 13. Por otro, las estrellas no pueden verse en las fotos y filmaciones porque la luz del sol es demasiado fuerte; como ocurre con un cielo estrellado, que se aprecia mucho menos desde una ciudad iluminada. Y la bandera de Estados Unidos no ondeaba por una brisa en el desierto de Nevada sino debido a la fuerza gravitacional de la luna. Aun el supuesto silencio obligado de los participantes puede refutarse con facilidad: para mantener oculta una maniobra de engaño como ésa habrían tenido que amordazar durante varias décadas no sólo a los astronautas sino a miles de otros colaboradores de la NASA, lo cual es sencillamente impensable. Y aunque Neil Armstrong se negase a conceder entrevistas, otros astronautas del Apolo 11 informaron de forma bastante completa acerca de sus experiencias en la luna.

A pesar de que nunca se recuperaran las desaparecidas cintas originales del alunizaje, innumerables estaciones de televisión aún poseen copias de su emisión. Así, su desaparición tampoco constituye un soporte argumentativo real para los teóricos de la conspiración. Para ello sería necesario que aparecieran pruebas reales de que esas imágenes fueron fabricadas.

La desintegración de Yugoslavia

¿Un reconocimiento anticipado de los estados particulares?

$\mathcal{A}$ comienzos de los años noventa, el futuro de Europa parecía brillante y prometedor; después de todo, la división del mundo había terminado y el Telón de Acero había desaparecido en todo el continente. Por lo tanto, mayor fue el terror cuando el Estado multinacional de Yugoslavia se disgregó y desencadenó un nacionalismo que la mayoría de los habitantes de la Unión Europea creían, en gran medida, superado. Durante varias décadas dominó en los Balcanes una guerra de crímenes atroces, cuyas repercusiones se sienten aún hoy. En lugar del Estado multinacional de Yugoslavia existen ahora seis repúblicas que se han desarrollado más o menos bien y han superado con mayor o menor éxito los horrores de la guerra y el distanciamiento de sus vecinos. Desde la época del conflicto, la opinión popular reza que el fracaso de la diplomacia europea comparte la responsabilidad de la disolución de Yugoslavia, del establecimiento de nuevas fronteras y del distanciamiento de pueblos que, a pesar de todo, habían convivido pacíficamente en una confederación estatal durante décadas.

En la mira de la crítica a la diplomacia europea figura principalmente Alemania, que al impulsar demasiado pronto el reconocimiento de las repúblicas parciales que aspiraban a la independencia —Eslovenia y Croacia— habría hecho que se desencadenara la guerra y, por tanto, sería igualmente responsable de sus consecuencias.

Amplias investigaciones de los antecedentes de la guerra

de Yugoslavia desvirtúan claramente esta inculpación, pues, en efecto, no bastaba con una influencia externa —intencionada o no— para fragmentar el Estado yugoslavo.

A finales de 1991, la Comunidad Europea resolvió ofrecer a Eslovenia y a Croacia el reconocimiento de la independencia que éstas habían proclamado seis meses antes. La política exterior alemana tuvo efectivamente una participación decisiva en esta decisión, y con la iniciativa de Genscher, ministro de Asuntos Exteriores, el país germano ganó una influencia en la política internacional tan segura de sí misma como no lo hacía desde la Segunda Guerra Mundial. Al mismo tiempo, y pese a los dramáticos desarrollos en los Balcanes, la política exterior alemana se aferró por un buen tiempo a la unidad de Yugoslavia y juzgó que los esfuerzos de independencia de Eslovenia y Croacia eran problemáticos. Pero Alemania no era, en absoluto, la única que percibía que la fragmentación ya no podía detenerse. En aquel entonces la presidencia del Consejo de la Unión Europea la ocupaban los Países Bajos, los cuales llevaban un buen tiempo fomentando una política de definición de una postura frente a los hechos. Además, la comunidad de Estados de Europa occidental no podía negarles, sin rodeos, el derecho a la independencia a los pueblos de los Balcanes.

Los primeros enfrentamientos violentos de los grupos étnicos de Yugoslavia ya se habían iniciado mucho antes; a principios de 1991 en Croacia y a comienzos del verano en Eslovenia, donde el ejército popular yugoslavo, ya dominado por los serbios, buscaba con prisa y sin éxito impedir la fragmentación mediante la violencia militar. Para el momento de la decisión de la Unión Europea, la guerra civil en Croacia causaba estragos desde hacía tiempo, y Macedonia también se había separado de Yugoslavia. Por más numerosas que fuesen las atrocidades que vinieron después, los funestos hechos de Vukovar ya se habían producido. El mecanismo de negociación de la diplomacia no podía proporcionar una solución pacífica si al mismo tiempo no había voluntad por parte de los serbios. Sin una amenaza militar no habría pasado nada en los Balcanes, lo que más tarde quedó demostrado por el hecho de que el acuerdo de paz de Dayton en 1995 no habría tenido lugar sin «diplomacia militar». El comportamiento cauteloso que Europa había exhibido con anterioridad propició de manera importante la agresiva política serbia, que en aquel momento no tenía por qué temer serias consecuencias.

En realidad, la crisis yugoslava ya había comenzado desde marzo de 1989 con la derogación de los derechos de autonomía de la provincia de Kosovo. Sin embargo, por aquel entonces, los agentes determinantes de la política exterior europea estaban tan absorbidos con la reunificación alemana y la crisis en Kuwait, que sólo se tomaron en serio los signos de desintegración de Yugoslavia a comienzos de 1991, cuando se generalizaron los enfrentamientos abiertos. Adicionalmente, países como Reino Unido y Francia se dejaron llevar por sus propios intereses antes que por una política exterior sensata: en una Yugoslavia dominada por los serbios veían un medio contra la creciente influencia de Alemania, que por primera vez desde la división de Europa Central parecía ganar un peso amenazante. En la prensa británica se llegó a hablar incluso del peligro de un «Cuarto Reich». El hecho adicional de que de allí en adelante Alemania hiciera de las dolorosas lecciones de su propio pasado el principio de su política exterior fue algo que incluso políticos de alto rango sólo comprendieron más tarde. En especial Francia y Reino Unido reaccionaron de manera irreflexiva ante el compromiso del Gobierno alemán. En lugar de un cambio en las coordenadas mundiales, tal vez habrían preferido un status quo ligeramente modificado del mundo dividido; en el caso de Yugoslavia querían conservar la unidad estatal de cualquier forma. Aun justo antes de la decisión en Bruselas, ambos países trataron de impedir la amenazante adversidad con ayuda del Consejo de Seguridad de la ONU. Pero su intento fracasó, y la mayoría de ministros europeos de Asuntos Exteriores se adhirió a la perspectiva alemana de la crisis de los Balcanes; de lo contrario, difícilmente se habría llegado al prometido reconocimiento de Croacia y Eslovenia.

Pero el mismo Gobierno alemán contribuyó con diligencia a la leyenda que se formó rápidamente acerca de su papel poco honroso cuando, en una jugada individual tras la decisión de los ministros europeos, reconoció a Croacia y Eslovenia como Estados independientes.

En el caso del rechazo británico a la posición alemana puede verse, además, la expresión de una actitud antieuropea; en el de Francia, principalmente el temor de que Alemania quisiera fijar el tono de la Comunidad Europea. A ello se sumó en ambos países una tradicional postura proserbia, mientras que en Alemania vivían muchos miembros de todos los grupos étnicos yugoslavos; cerca de setecientos cincuenta mil, en total. Para Alemania resultaba bastante más fácil reaccionar frente a la transformación fundamental de la situación europea pues, al fin y al cabo, el país aún dividido había experimentado cambios dramáticos. El que el viejo orden mundial hubiera sido abolido fue algo que resultó evidente para los alemanes antes que para los franceses o los británicos. Tanto Estados Unidos como la mayoría de los países europeos temían además el fantasma de la «balcanización», con una región fragmentada en pequeños Estados en conmoción. Y la única receta en su contra parecía ser justamente el Estado Federal de Yugoslavia, con o sin conflictos internos.

El entonces embajador de Estados Unidos en Alemania, Richard Holbrooke, opinaría en retrospectiva, que fue precisamente a la Alemania reunificada, que quería destacarse en la política internacional, a la que había de convertir en un chivo expiatorio. Y fueron justamente los países que querían apartarse del delicado asunto por sus propios errores los que pusieron de manifiesto el supuesto fracaso de la diplomacia alemana. Esto también puede haberse motivado por el hecho de que, en última instancia, Estados Unidos era el que estaba preparado para una intervención decisiva. Pero incluso el ministro británico de Asuntos Exteriores y mediador ante Yugoslavia, Lord Carrington, se retractó posteriormente de su crítica a la postura alemana.

Sin duda, el reconocimiento de Eslovenia y Croacia trajo como consecuencia adicional la declaración de independencia de Bosnia y Herzegovina, lo cual, debido a su composición étnica, creó un nuevo escenario bélico. Sin embargo, varias investigaciones han demostrado que la guerra se habría extendido hacia Bosnia en cualquier caso, si bien probablemente más tarde. La preparación del Ejército serbio para la campaña bosnia ya estaba en marcha en el otoño de 1991, así como la formación de territorios autónomos por parte de los bosnios serbios. El error europeo (e internacional) no consistió en aceptar la desintegración de Yugoslavia sino más bien, y en una medida mucho mayor, en intervenir tardíamente en la guerra. Por un sinnúmero de razones —debido a una constelación de asuntos de política internacional, mecanismos y estrategias ineficaces de resolución de conflictos— el violento proceso de fragmentación de Yugoslavia se prolongó de manera funesta. El politólogo británico James Gow llamó al fracaso internacional en el conflicto yugoslavo un «triunfo de la falta de voluntad». Según su interpretación, los factores responsables de ello fueron el no haber actuado en el momento oportuno, haber tomado medidas inadecuadas y haber procedido de manera dividida, así como la falta de determinación, principalmente, para ejercer una presión efectiva. De lo contrario, la guerra de Yugoslavia habría podido durar dos años y medio en lugar de cuatro.

Bibliografía

El Diluvio
¿Mito o catástrofe?

Dundes, Alan (Ed.), *The Flood Myth*, Berkeley, 1988.
Haarmann, Harald, *Geschichte der Sinflut.*
   Auf den Spuren der frühen Zivilisation, Múnich, 2003.
Marler, Joan/Miriam Robbins Dexter (Eds.),
   The Black Sea Flood and its Aftermath, Sebastopol.
Ryan, William/Walter Pitman, *El diluvio universal:*
   nuevos descubrimientos científicos de un acontecimiento
   que cambió la historia, Editorial Debate, Barcelona, 1999.

La Atlántida
¿Una cultura desaparecida o sólo una buena historia?

Ellis, Richard, *En busca de la Atlántida: mitos y realidad*
   del continente perdido, Grijalbo Mondadori, Barcelona, 2000.
Jordan, Paul, *The Atlantis Syndrome*, Stroud, 2001.
Nesselrath, Heinz-Günther, *Platon und die Erfindung von Atlantis*,
   Múnich, 2002.
Vidal-Naquet, Pierre, *La Atlántida: pequeña historia de un mito*
   platónico, Ediciones Akal, 2006.

La carrera de Maratón
¿Modelo antiguo de una disciplina olímpica?

Goette, Hans Rupprecht/Thomas Maria Weber, *Marathon. Siedlungskammer und Schlachtfeld – Sommerfrische und olympische Wettkampfstätte*, Maguncia, 2004.

Meier, Christian, *Athen, Ein Neubeginn der Weltgeschichte*, Berlín, 2004.

La paz de Calias
¿Ningún tratado de paz entre Grecia y Persia?

Badian, E., «The Peace of Callias», *Journal of Hellenic Studies* 107 (1987), pp. 1-39.

Bloedow, E.F., «The Peaces of Callias», *Symbolae Osloenses* 67 (1987).

Meister, Klaus, *Die Ungeschichtlichkeit des Kalliasfriedens und deren historische Folgen* (Palingenesia, 18), Wiesbaden, 1982.

Cleopatra
¿La mujer más bella del mundo?

Becher, Ilse, *Das Bild von Kleopatra in der griechischen und lateinlischen Literatur*, Berlín, 1966.

Bradford, Ernle, *Cleopatra*, Londres, 2000.

Claus, Manfred, *Kleopatra*, Múnich, 1995.

Walker, Susan/Peter Higgs (Eds.), *Kleopatra of Egypt: From History to Myth*, Londres, 2001.

La Biblioteca de Alejandría
¿Quién acabó con el antiguo patrimonio cultural?

Canfora, Luciano, *La biblioteca desaparecida*, Ediciones Trea, 1998.

Lerner, Fred, *Historia de las bibliotecas del mundo: desde la invención de la escritura hasta la era de la computación*, Troquel, Buenos Aires, 1999.

Mazal, Otto, *Griechisch-römische Antike* (Geschichte derBuchkultur, 1), Graz, 1999.

Parsons, Edward E., *The Alexandrian Library*, Nueva York, 1952.

Jesús de Nazaret
¿Cuándo fue la Nochebuena?

Mussies, G., «The Date of Jesus' Birth», *Journal of the Study of Judaism* 29 (1998), pp. 416-437.

Pietri, Luce (Ed.), *Die Zeit des Anfangs* (Die Geschichte des Christentums. Religion, Politik, Kultur, 1), Friburgo, 2003.

Roloff, Jürgen, *Jesús*, Acento Editorial, 2003.

Theissen Gerd/Annette Merz, *El Jesús histórico: manual*, Ediciones Sígueme, 2004.

Poncio Pilato
¿Un asesinato moral en la Biblia?

Alexander Demandt, *Los grandes procesos: derecho y poder en la historia*, Editorial Crítica, 1993.

Cousin, H., *Le Monde ou vivait Jésus*, París, 1998.

Märtin, Ralf-Peter, *Pontius Pilatus. Römer, Ritter, Richter*, Múnich, 1989.

Pietri, Luce (Ed.), *Die Zeit des Anfangs* (Die Geschichte des Christentums. Religion, Politik, Kultur, 1), Friburgo, 2003.

El emperador Tiberio
¿Un estadista sensato o un libertino inescrupuloso?

Baar, Manfred, *Das Bild des Kaisers Tiberius bei Tacitus, Sueton und Cassius Dio*, Stuttgart, 1990.

Syme, Ronald, «History or Biography. The Case of Tiberius Caesar», *Historia* 23 (1974), pp. 481-496.

Yavetz, Zwi, *Tiberius. Der traurige Kaiser*, Múnich, 1999.

Arde Roma
¿Cólera de Nerón o nefasto accidente?

Fini, M., *Nero. Zweitausend Jahre Verleumdung. Die andere Biographie*, Múnich, 1994.

Jakob-Sonnabend, Waltraud, *Untersuchungen zum Nero-Bild der Spätantike* (Atlertumswissenschaftliche Texte und Studien, 18), Hildesheim, 1990.

Holland, R., *Nero. The Man behind the Myth,* Stroud, 2000.

Waldherr, Gerhard H., *Nero. Eine Biographie*, Regensburg, 2005.

La Donación de Constantino
¿Estado Vaticano subrepticio?

Fuhrmann, Horst, «Konstantinische Schenkung und abendländisches Kaisertum», *Deutsches Archiv zur Erforschung des Mittel-alters* 22 (1966), pp. 63-178.

Gericke, W., «Wann entstand die Konstantinische Schenkung?», *Zeitschrift für Rechtsgeschichte, Kanon* 43 (1957), pp. 1-88.

Monumenta Germaniae Historica (Ed.), *Fälschungen im Mittel-alter* (Schriften der MGH, 33), Hannover, 1988.

Hungría
¿Descendientes de los hunos?

Györffy, György, «Erfundene Stammesgründer», *Fälschungen im Mittelalter* (Schriften der MGH, 33), Hannover, vol. 5, 1988, pp. 443-450.

Györffy, György, *König Stephan der Heilige*, Budapest, 1988.

Kristó, Gyula, *Die Arpaden-Dynastie, Die Geschichte Ungarns von 895 bis 1301*, Budapest, 1993.

Macartney, Carlile Aylmer, *The Origin of the Hun Chronicle and Hungarian Sources* (Studies on the Early Hungarian Historical Sources, 6/7), Budapest, 1951.

Róna-Tas, András, *Hungarians and Europe in the Early Hungarian History*, Budapest, 1999.

La Edad Media
¿Una época oscura?

Arnold, Klaus, «Das "finstere Mittelalter". Zur Genese und Phäno-menologie eines Fehlsurteils», *Saeculum* 32 (1981), pp. 278-300.

Brieskorn, Norbert, *Finsteres Mittelalter? Über das Lebensgefühl*
einer Epoche, Maguncia, 1991.

Fried, Johannes, *Die Aktualität des Mittelalters.*
Gegen die Überheblichkeit unserer Wissensgesellschaft,
Sttutgart, 2002.

Fuhrmann, Horst, *Überall ist Mittelalter. Von der Gegenwart einer*
vergangenen Zeit, Múnich, 1996.

Oexle, Otto Gerhard, «Die Moderne und ihr Mittelalter.
Eine folgenreiche Problemgeschichte», Peter Segl (Ed.),
Mittelalter und Moderne. Entdeckung und Rekonstruktion
der mittelalterlichen Welt, Sigmaringen, 1997, pp. 307-364.

Abelardo y Eloísa
¿Cartas apasionadas desde el convento?

Brost, Eberhard (Ed.), *Petrus Abaelardus. Die Leidensgeschichte*
und der Briefwechsel mit Heloisa, Darmstadt, 2004.

Moos, P. von, «Heloise und Abaelard. Eine Liebesgeschichte vom 13.
bis zum 20. Jahrhundert», Peter Segl, *Mittelalter und Moderne.*
Entdeckung und Rekonstruktion der mittelalterlichen Welt,
Sigmaringen, 1997, pp. 77-90.

Pernoud, Régine, *Eloísa y Abelardo*, Espasa Calpe, 1973.

Silvestre, Hubert, «Die Liebesgeschichte zwischen Abaelard
un Heloise: der Anteil des Romans», *Fälschungen im Mittelalter*
(Schriften der MGH, 33), vol. V, Hannover, 1988, pp. 121-165.

Leonor de Aquitania
¿La prostituta más grande de la Edad Media?

Laube, Daniela, *Zehn Kapitel zur Geschichte der Eleonore*
von Aquitanien, Múnich, 1979.

Markale, Jean, *La vida, la leyenda, la influencia de Leonor*
de Aquitania, dama de los trovadores y bardos bretones,
José J. de Olañeta Editor, 1992.

Vones-Liebenstein, Ursula, *Eleonore von Aquitanien.*
Herrscherin zwischen zwei Reichen, Göttingen, 2000.

La batalla de Liegnitz
¿Victoria o derrota?

Frings, Jutta (Ed.), *Dschingis Khan und seine Erben*, Bonn, 2005.

Jackson, Peter, *The Mongols and the West, 1221-1410*, Londres, 2005.

Schmilewski, Ulrich (Ed.), *Wahlstatt 1241: Beiträge zur Mon golenschlacht bei Liegnitz und zu ihren Nachwirkungen*, Würzburg, 1991.

Weiers, Michael, *Geschichte der Mongolen*, Stuttgart, 2004.

Ziegler, Gudrun, *Die Mongolen. Im Reich des Dschingis Khan*, Stuttgart, 2005.

San Antonio
¿Quién tiene las verdaderas reliquias?

Angenendt, Arnold, *Heilige und Reliquien Die Geschichte ihres Kultes vom frühen Christentum bis zur Gegenwart*, Múnich, 1994.

Dinzelbacher, Peter/Dieter R. Bauer, *Heiligenverehrung in Geschichte und Gegenwart*, Ostfildern, 1990.

Ehler, Joachim, «Politik und Heiligenverehrung in Frankreich», Jürgen Petersohn (Ed.), *Politik und Heiligenverehrung im Hochmittelalter*, Sigmaringen, 1994, pp. 149-175.

Mayr, Markus, *Geld, Macht und Reliquien. Wirtschaftliche Auswirkungen des Reliquienkultes im Mittelalter* (Geschichte und Ökonomie, 6), Innsbruck, 2000.

Mischlewski, Adalbert, «Die Antoniusreliquien in Arles – eine noch heute wirksame Fälschung des 15. Jahrhunderts», *Fälschungen im Mittelalter* (Schriften der MGH, 33), vol. 5, Hannover, 1988, pp. 417-431.

Robin Hood
¿Existió realmente el ladrón bienhechor?

Carpenter, Kevin, *Robin Hood. Die vielen Gesichter des edlen Räubers*, Oldenburg, 1995.

Crook, David, «The Sheriff of Nottingham and Robin Hood: The Genesis of the Legend?», Peter R.Cross/Simon D. Lloyd

(Ed.), *Thirteen Century England*, vol. 2, Woodbridge, 1988, pp. 59-68

Crook, David, «Some Further Evidence Concerning the Dating of the Origins of the Legend of Robin Hood», *English Historical Review* 99 (1984), pp. 530-534.

Holt, J.C., *Robin Hood. Die Legende von Sherwood Forest*, Düsseldorf, 1991.

Sodoma y Gomorra
¿El proceso contra los templarios?

Alexander Demandt, *Los grandes procesos: derecho y poder en la historia*, Editorial Crítica, 1993.

Beck, Andreas, *El fin de los templarios: un extermino en nombre de la legalidad*, Península, 2002.

Demurger, Alain, *Auge y caída de los templarios: 1118-1314*, Ediciones Martínez Roca, Barcelona, 1987.

Demurger, Alain, *El último gran templario, Jacques de Molay*; traducción de Liliana Ponce Mazzutti, Ediciones Robinbook, 2006.

Dinzelbacher, Peter, *Die Templer. Ein geheimnisumwitterter Orden?*, Friburgo, 2002.

El conde Drácula
¿El vampiro chupasangre de Rumanía?

Florescu, Radu/Raymond T. McNally, *Dracula. A Biography of Vlad the Impaler 1431-1476*, Londres, 1974.

Miller, Elizabeth (Ed.), *Bram Stoker's Dracula. A Documentary Volume* (Dictionary of Literary Biography, 304), Detroit, 2005.

Murray, Paul, *From the Shadow of Dracula. A Life of Bram Stoker*, Londres, 2004.

Treptow, Kurt W. (Ed.), *Dracula. Essays on the Life an Times of Vlad Tepes* (East European Monographs, 323), Nueva York, 1991.

El descubrimiento de América
¿A quién le corresponde el honor?

Bitterli, Urs, *Die Entdeckung Amerikas. Von Kolumbus
    bis Alexander von Humboldt*, Múnich, 1992.
Dreyer-Eimbcke, Oswald, *Kolumbus – Entdeckungen
    und Irrtümer in der deutschen Kartographie*,
    Fráncfort del Meno, 1991.
Enterline, James Robert, *Erikson, Eskimos & Columbus – Medieval
    European Knowledge of America*, Baltimore y Londres, 2002.
Fernández-Armesto, Felipe, *Antes de Colón*, Ediciones Cátedra, 1993.
Fernández-Armesto, Felipe, *Colón*, Editorial Crítica, 1992.
Taviani, Paolo Emilio, *Christopher Columbus. The grand design*,
    Londres, 1985.
Taviani, Paolo Emilio, *Das wunderbare Abenteuer des Christoph
    Kolumbus*, Berlín, 1991.

Caníbales
¿Un mito nacido de un temor neurótico?

Arens, William, *The Man-Eating Myth. Anthropology
    and Anthropophagy*, Oxford, 1979.
Barker, Francis, *Canibalism and the Colonial World*,
    Cambridge, 1998.
Hulme, Peter, *Colonial Encounters. Europe and the Native
    Caribeans 1492-1797*, Londres, 1986.
Menninger, Annerose, *Die Macht der Augenzeugen.
    Neue Welt und Kannibalen-Mythos*, Stuttgart, 1995.
Peter-Röcher, Heidi, *Mythos Menschenfresser.
    Ein Blick in die Kochtöpfe der Kannibalen*, Múnich, 1998.

La dinastía de los Borgia
¿Sexo y crimen en el Vaticano?

Erlanger, Rachel, *Lucrezia Borgia: A Biography*,
    Londres, 1978.
Schüller-Piroli, Susanne, *Die Borgia-Dynastie.
    Legende und Geschichte*, Múnich, 1982.

Reinhardt, Volker, «*Der unheimliche Papst*». *Alexander VI Borgia 1431-1503*, Múnich, 2005.

El fracaso de la Armada Invencible
¿Golpe mortal contra una potencia mundial?

Fernández-Armesto, Felipe, *The Spanish Armada. The Experience of War in 1588*, Oxford, 1988.
Klein, Jürgen, *Elizabeth I und ihre Zeit*, Múnich, 2004.
Martin, Collin/Geoffry Parker, *The Spanish Armada*, Londres, 1988.
McDermott, James, *England and the Spanish Armada. The Necessary Quarrel*, New Haven, 2005.

Los emigrantes del *Mayflower*
¿Refugiados religiosos?

Cressy, David, *Coming Over. Migration and Communication between England and New England in the Seventeenth Century*, Cambridge, 1987.
Daniels, Roger, *Coming to America. A History of Immigration and Ethnicity in American Life*, Nueva York, 1990.
Kavanagh, W. Keith, *Foundations of Colonial America. A Documentary History*, 3 vol., Nueva York, 1973.
Middleton, Richard, *Colonial America. A History, 1585-1776*, Oxford, 1996.
Vickers, Daniel (Ed.), *A Companion to Colonial America*, Malden, 2003.

Galileo Galilei
¿Mártir de la ciencia?

Finocchiaro, Maurice A., *Retrying Galileo*, 1633-1992, Berkeley, 2005.
Naess, Atle, *Als die Welt still stand. Galileo Galilei – verraten, verkannt, verehrt*, Berlín, 2006.
Rowland, Wade, *Galileo's Mistake. A New Look at the Epic Confrontation between Galileo and the Church*, Nueva York, 2003.

Shea, William R./Mariano Artigas, *Galileo en Roma*,
Encuentro Ediciones, 2003.

Luis XIV
¿«El Estado soy yo»?

Burke, Peter, *La fabricación de Luis XIV*, Editorial Nerea, 1995.
Hartung, Fritz, «L'Etat c'est moi», *Historische Zeitschrift*
169 (1949), pp. 1-29.
Mettam, Roger, *Power and Faction in Louis XIV's France*,
Londres, 1988.

Los masones
¿Una orden secreta que pretende dominar el mundo?

Bieberstein, Johannes Rogalla von, *Die These der Verschwörung 1776
bis 1945. Philosophen, Freimaurer, Juden, Liberale und Sozialisten
als Verschwörer gegen die Sozialordnung*, Berna, 1976.
Binder, Dieter A., *Die diskrete Gesellschaft. Geschichte
und Symbolik der Freimaurer*, Graz, 1998.
Giese, Alexander, *Die Freimaurer. Eine Einführung*, Viena, 1997.
Naudon, Paul, *Geschichte der Freimaurer*, Fráncfort del Meno, 1982.
Reinalter, Helmut (Ed.), *Freimaurer und Geheimbünde
im 18. Jahrhundert in Mitteleuropa*, Fráncfort del Meno, 1983.

El alemán como lengua universal
¿Fracaso por un voto?

Faust, Albert Bernhard, *The German Element in the United
States. With Special Reference to its Political, Moral,
Social and Educational Influence*, 2 vol., Nueva York, 1927.
Gilbert, Glenn G. (Ed.), *The German Language in America.
A Symposium*, Austin, 1971.
Luebke, Frederick C., *Germans in the New World. Essays
in the History of Immigration*, Urbana, 1990.
Marx, Henry, *Deutsche in der Neuen Welt*,
Braunschweig, 1983.

Nolt, Stephen M., *Foreigners in their Own Land. Pennsylvania Germans in the Early Republic*, University Park, 2002.

Wallace, Paul A. W., *The Muhlenbergs of Pennsylvania*, Filadelfia, 1950.

El príncipe Potemkin
¿Un simple tramoyista?

Adamczyk, Theresia, «Die Reise Katharinas II nach Südrussland im Jahre 1787», *Jahrbücher für Kultur und Geschichte der Slaven* (1930), pp. 25-53.

Adamczyk, Theresia, *Fürst G.A. Potemkin. Untersuchungen zu seiner Lebensgeschichte, Emsdetten*, 1936.

Donnert, Erich, *Das russische Zarenreich. Aufstieg und Untergang einer Weltmacht*, Múnich, 1992.

Solovytchik, George, *Potemkin. Soldat, Staatsmann, Liebhaber und Gemahl der Kaiserin Katharina der Großen*, Stuttgart, 1953.

Zernack, Klaus (Ed.), *Handbuch der Geschichte Russlands. Vom Randstaat zur Hegemonialmacht*, Stuttgart, 2001.

La Revolución Francesa
¿Ninguna toma de la Bastilla?

Michelet, Jules, *Historia de la Revolución Francesa*, Ikusager Ediciones, 3 vol.

Schulin, Ernst, *Die Französiche Revolution*, Múnich, 2004.

Schulze, Winfried, *Der 14. Juli 1789. Biographie eines Tages*, Stuttgart, 1989.

Wolzogen, Wilhelm von, *«Dieses ist der Mittelpunkt der Welt». Pariser Tagebuch 1788/89*, editado por Eva Berié y Christoph von Wolzogen, Fráncfort del Meno, 1988.

María Antonieta
¿«Que coman pasteles»?

Bertiére, Simone, *Marie-Antoinette, l'insoumise*, París, 2002.

Cronin, Vincent, *Ludwig XVI und Marie-Antoinette. Eine Biographie*, Hildesheim, 1993.

Duprat, Annie, *La reine brisée*, París, 2006.

Lever, Evelyne, *María Antonieta: la última reina de Francia*, Buenos Aires, Editorial El Ateneo, 2002.

El discurso del Jefe Seattle
¿Una audaz falacia ecológica?

Gifford, Eli, *The Many Speeches of Chief Seathl: The Manipulation of the Record for Religious, Political and Environmental Reasons* (Occasional paper of Native American Studies, 1), Rohnert Park, 1992.

Gruhl, Herbet, *Häuptling Seattle hat gesprochen. Der autentische Text seiner Rede mit einer Klarstellung: Nachdichtung und Wahrheit*, Düsseldorf, 1984.

Kaiser, Rudolf, «Chief Seattle's Speech(es): American Origins and European Reception», Brian Swann/Arnold Krupat (Eds.), *Recovering the World. Essays on native American Literature*, Berkeley, 1987, pp. 497-536.

Lamar, Howard R., *The New Encyclopedia of the American West*, New Haven, 1998.

Logan, William B, *The Pacific States* (The Smithsonian Guide to Historic America, 7), Nueva York, 1989.

Schwantes, Carlos Arnaldo, *The Pacific Northwest. An Interpretive History*, Lincoln, 1996.

La guerra civil estadounidense
¿Por la abolición de la esclavitud?

Cook, Robert, *Civil War America. Making a Nation, 1848-1877*, Londres, 2003.

Ford, Lacy K. (Ed.), *A Companion to the Civil War and Reconstruction*, Malden, 2005.

Huston, James L., *Calcultating the Value of the Union. Slavery, Property Rights and the Economic Origins of the Civil War*, Chapel Hill, 2003.

Jaffa, Harry V., *A New Birth of Freedom. Abraham Lincoln and the Coming of the Civil War*, Lanham, 2000.

McPherson, James M., *La Batalla de Antietam, 1862: Lincoln y la declaración de emancipación de los esclavos*, Editorial Ariel, 2004.

McPherson, James M., «Who Freed the Slaves?», *Proceedings of the American Philosophical Society* 139 (1995), pp. 1-10.

Richter, William L., *Historical Dictionary of the Civil War and Reconstruction*, Lanham, 2004.

Caucho
¿La potencia británica roba a Brasil?

Coates, Austin, *The Commerce in Rubber: The First 250 Years*, Singapur, 1987.

Dean, Warren, *Brazil and the Struggle for Rubber. A Study in Environmental History*, Cambridge, 1987.

Desmond, Ray, Kew. *The History of the Royal Botanical Gardens*, Londres, 1995.

Lane, Edward V., «The Life and Work of Sir Henry Wickham», *India Rubber Journal* 126/127 (1953/54).

Smith, Anthony, *Explorers of the Amazon*, Nueva York, 1990.

La muerte de Tchaikovsky
¿Suicido o cólera?

Berberova, Nina, *Chaikovski*, Aguilar, 1990.

Blinov, Nikolai, *Poslednyaya bolezn'i smert' P.I. Chaykovskovo*, Moscú, 1994.

Orlova, Alexandra, *Chaikovski, un autorretrato*, Alianza Editorial, 1994.

Poznansky, Alexander, *Tschaikowskys Tod. Geschichte und Revision einer Legende*, Maguncia, 1998.

El naufragio del *Titanic*
¿Un choque contra un iceberg a causa de la ambición?

Eaton John P./Charles A. Haas, *Titanic. Legende und Wahrheit*, Königswinter, 1997.

Eaton, John P./Charles A. Haas, *Titanic – Triumph und Tragödie. Eine Chronik in Texten und Bildern*, Múnich, 1997.

Marshall, Ken/Donald Lynch, *Titanic – Königin der Meere. Das Schiff und seine Geschichte*, Múnich, 1992.

Spignesi, Stephen, *Titanic – Das Schiff, das niemals sank. Chronik einer Jahrhundertlegende*, Múnich, 2000.

Störmer, Susanne, *Titanic. Mythos und Wirklichkeit*, Berlín, 1997.

Tibballs, Geoff, *Titanic. Der Mythos des unsinkbaren Luxusliners*, Bindlach, 1997.

La masacre armenia

¿Traslado o genocidio?

Akçam, Taner, *Armenien und der Völkermord: die Istanbuler Prozesse und die türkische Nationalbewegung*, Hamburgo, 1996, 2004.

Akçam, Taner, *From Empire to Republic. Turkish Nationalim and the Armenian Genocide*, Londres, 2004.

Bloxham, Donald, *The Great Game of Genocide: the Destruction of the Ottoman Armenians in International History and Politics*, Oxford, 2005.

Halaçoglu, Yusuf, *Facts on the Relocation of Armenians 1914-1918*, Ankara, 2002.

Hosfeld, Rolf, *Operation Nemesis. Die Türkei, Deutschland und der Völkermord and den Armeniern*, Köln, 2005.

Kieser, Hans Lukas, *Der Völkermord an den Armeniern und die Shoah*, Zúrich, 2003.

Lewy, Guenter, *The Armenian Massacres in Ottoman Turkey. A Disputed Genocide*, Salt Lake City, 2005.

La maldición de Tutankamon

¿Arqueólogos que mueren como moscas?

Collins, Andrew/Chris Ogilvie-Herald, *Tutanchamun – The Exodus Conspiracy. The Truth Behind Archaeology's Greatest Mystery*, Londres, 2002.

Wiese, A./A. Bordbeck (Eds.), *Tutanchamun – das goldene Jenseits. Grabschätze aus dem Tal der Könige*, Múnich, 2004.

Winstone, H.V.F., *Howard Carter and the Discovery of the Tomb of Tutankhamun*, Londres, 1991.

El discurso de Stalin
¿Fría planificación o franca mentira?

Gorodetsky, Gabriel, *Die große Täuschung. Hitler, Stalin und das Unternehmen «Barbarossa»*, Berlín, 2001.

Kellmann, Klaus, *Stalin. Eine Biographie*, Darmstadt, 2005.

Slutsch, Sergej, «Stalins "Kriegsszenario 1939": Eine Rede, die es nie gab. Die Geschichte einer Fälschung», *Vierteljahreshefte für Zeitgeschichte* 52 (2004), pp. 597-635.

La Résistance
¿Un pueblo entero de resistentes?

Azéma, Jean-Pierre/Françoise Bédarida (Ed.), *La France des années noires. De l'Occupation à la Libération*, París, 1993.

Gilzmer, Mechtild, *Widerstand und Kollaboration in Europa*, Münster, 2004.

Hirschfeld, Gerhard/Patrick Marsh (Eds.), *Collaboration in France. Politics and Culture during the Nazi Occupation, 1940-1944*, Oxford, 1989.

Jackson, Julian, France, *The Dark Years 1940-1944*, Oxford, 2001.

Lloyd, Christopher, *Collaboration and Resistance in Occupied France. Representing Treason and Sacrifice*, Basingkstoke, 2003.

Paxton, Robert, *Francia de Vichy*, Noguer Ediciones, 1974.

Rousso, Henry, *Vichy. L'événement, la mémoire, l'histoire*, París, 2001.

Waecheter, Matthias, *Der Mythos des Gaullismus. Heldenkult, Geschichtspolitik und Ideologie 1940-1985*, Göttingen, 2006.

Holanda durante la ocupación alemana
¿Judíos perseguidos por todos los medios?

Blom, J.H.C. (Ed.), *The History of the Jews in the Netherlands*, Oxford, 2002.

Blom, J.H.C., «The Persecution of the Jews. A Comparative Western
European Perspective», *European History Quarterly* 19 (1989),
pp. 333-351.

Croes, Marnix, «The Netherlands 1942-1945: Survival in Hiding
and the Hunt for Hidden Jews?», *The Netherlands Journal
of Social Scienes* 49 (2004), pp. 157-175.

Hirschfeld, Gerhard, *Fremdherrschaft und Kollaboration.
Die Niederlande unter deustscher Besatzung 1940-1945*
(Studien zur Zeitgeschichte 25), Stuttgart, 1984.

Houwink ten Cate, Johannes, «Mangelnde Solidarität gegenüber
Juden in den besetzten niderländischen Gebieten?»,
Wolfgang Benz/Juliane Wetzel (Eds.), *Solidarität und Hilfe
für Juden während der NS-Zeit* (Solidarität und Hilfe, vol. 3),
Berlín, 1999, pp. 87-133.

Moore, Bob, *Victims and Survivors. The Nazi Persecution
of the Jews in the Netherlands 1940-1945*, Londres, 1997.

La Cámara de Ámbar
¿Quemada, desaparecida o bien escondida?

Appel, Reinhard, *Das neue Bernsteinzimmer*, Köln, 2003.

Das Bernsteinzimmer, *Drei Jahrhunderte Geschichte*,
San Petersburgo, 2003.

Remy, Maurice Philip, *Mythos Bernsteinzimmer*,
Múnich, 2003.

La conferencia de Yalta
¿Un presidente senil se juega la libertad?

Dülffer, Jost, *Jalta 4. Februar 1945. Der Zweite Weltkrieg
und die Entstehung der bipolaren Welt*, Múnich, 1998.

Mee, Charles L., *Halbgötter der Geschichte. Sieben historische
Begegnungen*, Stuttgart, 1995, pp. 219-267.

Weidenfeld, Werner, *Jalta und die Teilung Deutschlands.
Schi-cksalsfrage für Europa*, Andernach, 1969.

Weinberg, Gerhard L., *Visions of Victory. The Hopes
of Eight World War II Leaders*, Nueva York, 2005.

Argentina
¿Principal asilo de los nazis?

Meding, Holger M. (Ed.), *Nationalsozialismus und Argentinien.*
Beziehungen, Einflüsse und Nachwirkungen,
Fráncfort del Meno, 1995.
Newton, Ronald, C., *The «Nazi Menace» in Argentina, 1931-1947,*
Stanford, 1992.
Schönwald, Matthias, *Deutschland und Argentinien nach dem*
Zweiten Weltkrieg. Politische und wirtschaftliche Beziehungen
und deutsche Auswanderung 1945-1955, Paderborn, 1998.

Marilyn Monroe
¿Un suicidio o un complot del Gobierno?

Geiger, Ruth-Esther, *Marilyn Monroe*, Reinbeck, 2006.
Leamnig, Barbara, *Marilyn Monroe. Die Biographie jenseits*
des Mythos, Múnich, 1999.
Mailer, Norman, *Marilyn: una biografía,* Editorial Lumen, 1974.
Mecacci, Luciano, *Der Fall Marilyn Monroe und andere*
Desaster der Psychoanalyse, Múnich, 2004.
Smith, Matthew, *Warum musste Marilyn Monroe sterben?*
Fráncfort del Meno, 2003.

La crisis de Cuba
¿Punto álgido de la guerra fría?

Biermann, Harald, «Die Kuba-Krise: Höhepunkt oder Pause im
Kalten Krieg?» *Historische Zeitschrift* 273 (2001), pp. 637-673.
Brauburger, Stefan, *Die Nervenprobe. Schauplatz Kuba:*
Als die Welt am Abgrund stand, Fráncfort del Meno, 2002.
Filippovych, Dimitrij N./Matthias Uhl (Ed.), *Vor dem Abgrund.*
Die Streitkräfte der USA und der UdSSR sowie ihrer deutschen
Bündnispartner in der Kubakrise (Schriftenreihe derVier-
teljahreshefte für Zeitgeschichte, Sondernummer), Múnich, 2005.
Freedman, Lawrence, *Kennedy's Wars. Berlin, Cuba, Laos und*
Vietman, Oxford, 2000.
Hersch, Seymour, *Kennedy. Das Ende einer Legende,* Hamburgo, 1998.

El asesinato de JFK
¿Quién quería deshacerse del presidente?

Huismann, Wilfried, *Cita con la muerte*, Starbooks, 2007.
Marrs, Jim, *Crossfire: The Plot that Killed Kennedy*,
    Nueva York, 1989.
Posner, Gerald, *Case Closed: Lee Harvey Oswald
    and the Assassination of President Kennedy*, Nueva York, 1993.

El alunizaje
¿El mayor golpe de Hollywood?

Brian, William, *Moongate*, Portland, 1982.
Chaikin, Andrew, *Man on the Moon*, Nueva York, 1994.
Kaysing, Bill/Randy Reid, *We Never Went to the Moon*,
    Pomeroy, 1976.
Percy, David/Mary Bennett, *Dark Moon*, Kempton, 2001.

La desintegración de Yugoslavia
¿Un reconocimiento anticipado de los estados particulares?

Conversi, Daniele, *La desintegració de Iugoslàvia*; traducción de
    Carmen Campello y M. Angels Giménez, Editorial Afers, 2000.
Eisermann, Daniel, *Der lange Weg nach Dayton. Die westliche Politik
    und der Krieg im ehemaligen Jugoslawien 1991-1995*,
    Baden-Baden, 2000.
Giersch, Carsten, *Konfliktregulierung in Jugoslawien 1991-1995.
    Die Rolle von OSZE, EU, UNO und NATO*, Baden-Baden, 1998.
Gow, James, *Triumph of the Lack of Will. International Diplomacy
    and the Yugoslaw War*, Londres, 1997.
Maull, Hanns W./Bernhard Stahl, «Durch den Balken nach Europa?
    Deutschland und Frankreich in den Jugoslawienkriegen»,
    Politische Vierteljahresschrift 43 (2002).
Meier, Viktor, *Wie Jugoslawien verspielt wurde*, Múnich, 1999.